囍事台灣

陳柔縉
·著·

東觀國際文化

推薦序

她蓋了一座可愛的橋

夏瑞紅・中國時報浮世繪版主編

台灣史上第一家麵包店是哪一家？

第一台冰箱長什麼樣子？

第一個參加旅行團的女人是誰？

第一波西式婚禮怎麼舉辦的？

近年研究台灣史、書寫老台灣的專家學者很多，相信腦袋曾被以上這類「芝麻小問」突襲過的，一定大有人在，但我看很少人會像柔縉這樣，居然為這些「芝麻小問」天天跑圖書館，啃光學術論著還嫌不夠，更把發黃的舊報紙雜誌、名人傳記、喜訊訃聞、電話簿、相片、廣告、菜單……都搜刮出來細品慢嚼一番，甚至效法青天神探的辦案精神，到處追蹤相關耆老下落。

而在消化史料又聆聽故事後，她則振臂提筆，為往日風華一一「重建現場」，好像被一股莫名的使命感「附身」，非要現代人回頭看清一段來時路不可。

在自古繞著「政經大事」與官宦貴族打轉的「正統歷史」中，這類「芝麻小問」的「重量」等同雞毛蒜皮。如果歷史研究的目的只是為了給過去下個題目、貼張標籤，好像歲末除舊佈新時，找口箱子打包挑揀過的舊物，那麼，這樣倒是乾脆省事；但如果想藉歷史追溯我們的身世、性格，了解今天的處境，並為明天拿個好主意，這種又「老」又「大」的歷史顯然「不夠看」，而且，還可能看走眼。

老大歷史是當政者說了算的歷史，一八九五年至一九四五年日本統治台灣，台灣人必須「效忠天皇」、學習「大和史觀」；而後，國民政府來台，台灣那半世紀旋即被定位為黑暗的殖民時代，光是二等公民的屈辱和抗日組織的奮鬥兩章，就塞爆整個日治時代台灣史。在這種前提下，那些曾不得不以日語為「國語」、到現在還幽幽緬懷著日治時光、甚至慨歎「昨是今非」的老人家，就顯得十分荒誕詭異了。

曾在中國時報記者何榮幸的部落格裡（2005-08-19／夏日讀陳柔縉、陳芳明新作），讀到有位讀者「民國史」提及：「常聽父母親輩份的人初見面先問對方：昭和幾年生的？如果答，大正三年，對方就會尊以兄姐稱呼，若是同樣昭和年代出生者，還要比對昭和幾年以別長幼之序。……願意了解甚至融入那個情境，當無族群對立的可能……不管是昭和史或大正史的台人，實際上因中國史的入台，早就失去了對青春史依戀的權利，一頂兇惡的媚日帽子便迎頭砸上來……。」

這段留言直接道出一代人的尷尬與鬱悶。然而「了解甚至融入那個情境」，有時並不是「願不願」的問題，而是「能不能」的問題。不能是因為歷史課本並沒有提供足夠的材料來幫助我們了解，也沒有營造相當的感動來幫助我們融入。

從這角度來看，我認為柔縉的「台灣西方文明」系列著作，正好在歷史的裂口上蓋了一座可愛的橋樑，讓我們進一步貼近巨變時代裡奮力求存的芸芸眾生，聽到那既是疑惑、驚恐，又充滿了好奇與勇氣的心跳。

柔縉這本《囍事台灣》的主角是婚紗、喜宴、麵包、籃球、腳踏車、動物園……，至於那一個個帶著各自的喜怒哀樂、在主角身邊串場跑龍套的男女老幼，則是百年前在台灣這塊土地上生老病死的人物，從名門大戶到販夫走卒都有，也不管什麼「日本仔」、「阿陡仔」、「阿山仔」、「番仔」，統統同台共演悲歡離合。

這叫人目瞪口呆的「台灣西方文明」系列著作，是用稀有的狂熱和美妙的文采建築而成的，在我看來，堪稱當今一絕。柔縉無疑是說故事高手，而那些故事也真的有意思！例如：

台南有個姓郭的在小吃店和人打群架，最後鬧進派出所，還上了報，原因竟是為了「搶吹電扇」。當時全台只有一千六百座電扇，其中一千五百二十四座在台北，難怪稀罕到「頭破血流」。

台北有個廖坎娶了陳阿娟，他們除去舊俗，由樂隊前導、共乘自動車（汽車），可能是台灣最早坐轎車的新人，在當時被譽為「文明結婚」。

報紙會登載，下崁庄有個王臭頭說他在市場「拾得洋傘一把」，八甲庄有個大塚辰平去報警，說他在火車上掉了一把傘。可見當時洋傘有多珍貴！

一九一〇年四月五日，台北官廳在今天西門町紅樓劇場創設公共冰箱，只要花八錢就可冰三點七五公斤的東西，還有專人取送服務。

一九二九年元旦，蔣渭水到台北宮前町拜訪張秀哲，密謀抗日大計，寫下台灣近代史不可或缺的一頁。那天蔣渭水搭了一部黃色出租汽車到張家；換句話說，把蔣渭水送抵歷史舞台的，是當年全台北大約兩三百部計程車中的一部。

記得小時候我阿嬤家有隻狗叫「meli」，長大後我知道那應該是「Mary」的意思，但我一直想不透，像我阿公阿嬤那樣的農村鄉下人，怎會為狗取「瑪麗」這種時髦洋名？而後阿公阿嬤等等老家長輩相繼「回去作仙」，此謎更是查無可考，如今讀了柔縉的書，我才知道早在日治時期，台灣人家就盛行為狗取洋名，是崇洋西化的結果，像「エス」（音同Ｓ）就是當時狗狗的「菜市仔名」之一。或許，除了我們家「meli」外，還有很多莉莉、湯姆、查理，也曾以他們的日語片假名，從台灣頭響亮到台灣尾。

還有，台語稱麵包為「pan」，吐司為「shou pan」，長年來我一直以為那是「便宜麵包」的意思（台語「便宜」叫作shou），也是讀了柔縉的書才知道，日治時代的麵包「パン」（讀作pan）大致分「食パン」（shou pan）和「菓子パン」（kasi pan）、或稱「餡パン」（an pan）兩大類，後者指的是有包餡的麵包，前者指的就是吐司。

原來如此，多有趣！但細想卻又不禁一陣凜然。這世上每個人、每件事、每句話、每樣物品，可不都負載著歷史的機密與文化的「DNA」，在漫漫時空裡相互傳承、變化，生生不息？

柔縉將歷史舞台忽而搬到百姓人家，忽而置入充滿各種買賣營生的市井商街，讓我們恍然若有所悟：也許，戲從沒真正落幕過，所有情節早已悄悄融入日常，到今天還活脫脫地連續上演中。彷彿生活裡隨處轉個身、伸手輕拉，幕一開啟，就是一齣曲折坎坷的歷史魔幻劇。

柔縉指出，台語至今仍把「消防隊」叫「消防組」，正是日治遺跡，但如今官學兩界都不願回顧上個世紀初的台灣消防歷史，於是大家便輕易遺忘了，當年穿著緊身花褲和草鞋的消防員們，也曾不分台日、前仆後繼地勇赴火場；又感慨，戰後歷經戒嚴，台灣青年多與海洋隔閡、不諳水性，完全不像出身環海國家，然而在日治時期，海水浴場卻是一般學校平常「戶外教學」的大自然教室。一九二八年基隆第一第二公學校舉辦海泳考試，讓四十位學童從社寮游三千米到燈塔，結果合格者竟多達二十九名。回顧這種成績，再看今日種種畫大餅式的「海洋台灣」政策，真叫人「無語問蒼天」！

感謝柔縚不惜十餘年青春心力，為大家還原一片片有血有肉、有笑有淚的歷史落頁，讓我們從中學習諒解與寬容，也提醒我們要用心珍惜屬於台灣自己的、獨特的歷史文化資產。

近日在柔縚的字裡行間徘徊時，我總覺得好像偷窺到她一個人深深埋首故紙堆，時而皺眉搔頭，時而唏噓扼腕、或拍案大笑的模樣；她這下把滿坑滿谷原已入土同塵的人事物，都給鬧醒了！那一大票「冰菓室」（冰店）小姐、「玉突場」（撞球間）小弟，和「洗濯屋」（洗衣店）裡的「ササラ」（sasala）竹刷子、卡其布「文官服」、手搖脫水滾筒……，都趕來瞪大眼睛圍住她，正七嘴八舌熱烈地議論著這號奇怪的女子……。

畢竟，若「天不生柔縚」，他們將是多麼地寂寞！

自序 回望台灣史的驚喜

陳柔縉

十二月初，我如常到中和的中央圖書館台灣分館找資料。幾位大學的歷史研究生帶著學弟妹上來六樓，引導他們看微捲。日本時代的「臺灣日日新報」雖然泛黃，在螢幕上卻字字清晰。一群人安靜圍著學姐，空氣中只留學姐沉穩解說的聲音。突然，不約而同，一聲驚呼劃破，「資生堂耶！」現在耳熟能詳的化妝品公司「資生堂」，一百年前就是台灣報紙的廣告常客，也賣藥，也賣牙膏。

三、四年前開始，我也是看著這一張又一張的報紙微捲，發出同樣的驚呼。現在想來，當我瞪大眼睛發現台灣社會曾有那樣的一段，同時也意味那一段曾經失落。日本從一八九五年統治台灣，五十年期間，台灣社會樣貌產生劇烈轉變，不過，關於大轉變的內情，對戰後世代來說，是一段封鎖割斷的社會記憶。這些年，我所投入的，不外去補回失落的記憶，發現日本時代，特別是瞭解台灣如何受西方因素影響，步入現代社會的模樣。

我的發現一年半前化成《台灣西方文明初體驗》一書，這本《囍事台灣》是續篇之作。《台灣西方文明初體驗》獲得超乎想像的掌聲，我不認為是自己的文筆招來，而是反映了年輕世代對日治台灣的陌生，匯聚成巨量的驚奇。

在《台灣西方文明初體驗》，我寫了咖啡店、巧克力、飛機和名片等等西方文明事物如何進入台灣，《囍事台灣》再寫麵包、冰箱、海水浴場、寵物狗、撞球等等二十個主題。書名會定焦在「囍事」，除了環繞結婚的主題有四個，也因所有主題無一不令人開心；吃冰開心，逛動物園開心，從洗衣店把平整潔淨的衣服拿回家也開心。希望大家閱讀這本台灣歷史書，不只驚奇，也開心不已，打破台灣史沉重的、血淚的宿命，證明回望台灣，也有令人元氣飽足的觀看點。

《囍事台灣》二十個主題之後，我做了一個日本時代的物價概況表格，蒐羅五十年間各種薪資和生活花費的金額大小，如果細嚼讀一下，應該別有滋味，對當時生活的型態，更有「撞見在眼前」的感覺。

這本書的二十個主題，很高興做出一些新的歷史考證，除了細究戰前新郎新娘禮服的流行演變，點出新娘禮服的「粉紅色時期」，找到富豪人家珍藏的古老禮服，翻出七十年前大飯店的婚宴菜單，其他像是指出圓山動物園的創始人為「片山竹五郎」，並非一直以來認定的「大江」；找出最早製作麵包的店家「梅月堂」及其影像；發現第一個參加世界博覽會的台灣人及其旅程經過，種種彷彿揭開藏寶箱，探見日本時代的社會容貌。做為一個平凡的研究者，能與史事這樣相逢，真是很興奮。

依我主觀感受，這本書的難度更甚《台灣西方文明初體驗》，可參考的既成研究又更少了，於是更努力挖掘舊報紙雜誌的吉光片羽。在此就要特別對日本朋友高橋宗子老師說，「感謝感激雨あられです」。謝謝她不憚煩瑣，義務幫忙，每週指導我讀日本時代的報紙雜誌，也教我種種日本的語言文化。高橋女士在東京教授外國留日學生日語超過二十年，知識常識豐富，讓人驚豔。她前年因緣來台灣學中文，中文之流利，又教人嘖嘖。我能跟隨她學習，真是天賜的幸運。

蒐集舊照片也是大工程，特別這次有結婚專題，無一不需要相關家族翻箱倒櫃，挖出私藏的珍貴婚照。非常感謝蔡萬才總裁、陳玉璞董事長、張超英先生、朱瑞墉先生、藍采如女士、藍容先生、攝影家簡永彬先生無償提供照片，大家對台灣歷史和知識的盛情與熱愛，我深深感懷在心。

這次不敢再勞擾師長前輩寫推薦辭，只請求好朋友夏瑞紅權當第一位讀者，逐字細讀，發表意見。瑞紅最後用一貫聰明漂亮的文字，把書的眉目和用意都點清楚了，非常佩服，更加感謝。

對另一位文友梁旅珠則要說，「謝謝為我開啟那一扇窗」。十六、七年前，她留學歸來，帶回許多關於流行、服裝時尚、文明器物的西文書，讓我大開眼界，初次知道外國有人那樣研究文化發展、那樣圖文並茂來鋪陳主題。那時候，旅珠曾說，她想寫一本台灣婚紗的書。現在反是我在研究日治時期的新娘婚紗演變，她不僅沒有「奪夢」之憾，還拚命搬來書架上的《圖解服飾辭典》、《維多利亞時期的新娘禮服》；去日本旅行，還會順便買《日本服飾史》；雜誌有相關的文章，也不忘剪下來送我。能「開窗」又投「援助物資」的朋友，我只有深深一鞠躬道謝了。

我已經十幾年不屬於任何公司單位，但近幾年，頻繁進出央圖台灣分館的臺灣資料中心，那裡宛如辦公室，和潘淑慧、陳麗美、吳素予、陳怡文等幾位小姐時相見面，彷彿同事。她們的笑容更像是一聲聲的認可與加油，鼓舞向前，非常謝謝。

對蕭秀琴和鄭宇斌，我要張開雙臂，左搭右拍他們的肩，感謝他們的編輯成就。我們「三口組」已數度合作，美好呈現的背後，有許多他們對我的尊重和容忍。

歷史著作不似純創作的小說散文，不是拿一枝筆望著窗外，就能寫得出字來。非常慚愧，直到寫這本書，才深深體會我的書其實是眾人合作的結果；特別這本書，應該屬於那些執著微抖的筆，奮力在小紙片上要告訴我故事的白髮前輩。謹把此書獻給賴莊玉燕、藍劉玉嬌、藍炳妹、蔡廷棟、楊超英、黃天横、周耀銓、陳玉璞諸位女士先生，他們的溫柔敦厚、熱心樂觀、博學多聞，永遠在我心裡。

目次

TABLE *of* CONTENTS

輕輕翻開這一頁寫眞

輕輕翻開這一頁寫真
你將通過時光的隧道
驚歎那——
很久很久以前
台灣的新娘新郎
就已經把自己裝扮得如此
時髦
典雅
英挺
與
自信

1920s

一九一〇年代，台灣的新娘新郎才開始穿西式婚紗和洋禮服禮帽，如此時髦打扮的結婚照片卻要到二〇年代才多起來。這張一九二七年的婚照裡，新郎朱江淮是臺中大甲街長〈鎮長〉之子，當時正就讀京都帝大，一身最標準時髦的禮服，頭戴大禮帽〈silk hat〉，身穿「福鏤厘」禮服〈frock coat〉，雙手戴白手套。新娘身穿過膝洋裝，頭紗〈veil〉緊緊包住額頭，連耳部也蓋去，然後垂洩曳地。〈朱瑞墉提供〉

上：一九二七年，前台北市長吳三連以畢業於日本著名商校「一橋大學」的高材生身分，擄得大米商千金李菱的心。吳三連穿著另一款正式禮服「摩令古」〈morning coat〉，外套的襬斜斜開向腰際兩側，長褲則是直條紋路。這兩個「摩令古」的公式顯現出與「福鑼庫」禮服的不同，但兩者同樣流行於一九二〇年代的台灣上流。新郎吳三連手上拿的禮帽，雖然躲在白手套下，但只要想想美國默片諧星卓別林頭頂的帽子，便形態清楚了。這種禮帽的英文寫做bowler hat，日本時代稱為「山高帽」。新娘的頭紗高聳綴花，屬於洋式，禮服卻非素色洋裝，再加上手捧百合花束，散發台灣新娘特有的風情。〈吳三連台灣史料基金會提供〉

左：先看新娘旁邊戴著鐘形帽的洋小姐，再看夾雜其間的西方臉孔，就知道辦喜事的人家非比尋常。新郎張丕癸在高雄執壺，哥哥張鴻圖〈前排大人最右者〉留學香港，會說英語，是美國著名的標準石油公司台灣代理店店長，住在今中山北路上，近馬偕醫院，又是基督徒，是台北洋化較深的名紳，戰後任過台北基督教青年會〈YMCA〉理事長。只消一瞥張家的婚禮穿著，再看張家兄弟的白色蝴蝶結，現在人就可以穿越時空，抵達當時流行的最前線。一九二九年的這場婚禮，新娘的頭紗依然罩額垂地，但不再有大朵花，誇張得把頭紗撐高。禮服屬衫裙兩件式洋裝，捧花開始有長長的緞帶，跟前兩張婚照的捧花不同。新娘腳上穿著超時髦的絲襪，光滑觸感似乎可以用眼睛讀得出來。新人腳邊的碎片，似乎透露合影前幾分鐘，賓客也曾仿西方教堂婚禮，向新郎新娘灑了繽紛彩紙。〈張超英提供〉

張壬癸先生與林蕊蕊女士結婚記念
昭和四年十月廿八日

1930s

一樣住中山北路的大煤商張聰明〈前排右二〉，一九三〇年為獨子張秀哲與彰化名紳甘得中之女甘寶釵辦婚事，在自家洋樓前拍下紀念寫真。庭院滿布碎石，賓客就定位拍照前，雜沓的皮鞋和高跟鞋來去，想必踩得石頭咯咯作響。日本時代，台灣上流家族的婚禮照片，新郎新娘兩側坐介紹人，雙方家長再依序落坐兩側。坐新娘旁邊的介紹人是知名的蔣渭水醫生，他穿著漢式禮服，不同於其他洋服賓客，似乎呼應了他的抗日色彩。戰前台灣處於中西文化衝突與融合的時代，依當時習慣，上流男士穿中式禮服，不會再拿類似新郎腿上的大禮帽或新郎父親手拿的山高帽。蔣渭水手扶的是帽頂平平、編得硬硬的麥稈帽，當時多習慣唸做「kan-kan-bo」。〈張超英提供〉

這張婚照從新人後方取鏡，顯得別緻出奇。或許原意在於攝下蔣渭水致詞的神態，卻意外留下探索結婚禮服的另一個角度。新娘婚紗的清透柔軟和綁法，以及伴娘身穿上海流行的旗袍，剪著一頭幹練時髦的短髮，都清楚可覽。日本時代，凡遇到運動會、園遊會、新車發表會等高興快樂的場合，萬國旗就張掛起來。張家有大喜，也依俗在廳堂內懸掛萬國旗。這種喜慶必備的裝飾習慣一直沿續到戰後。〈張超英提供〉

張家新娘甘寶釵一九二〇年的禮服完好保存至今。禮服的粉紅色令人驚豔，似乎也述說一種必然，一種由傳統大紅鳳冠霞帔轉變成西洋雪白婚紗的必然過渡。這套禮服兩件式，上為短衫，下為裙，精細的繡花洋溢濃濃中國味道，搭配洋式頭紗，所以可稱是一種中西混合式的新娘禮服。〈張超英提供〉

這張不知新郎新娘姓名的婚照，與前一頁甘寶釵的禮服元素相同；新娘頭紗貼緊額頭，身穿兩件式繡花漢裝。這種新娘打扮只見於一九二〇到一九三二年的婚照，因此推論成婚時間不出一九三〇年代初期。新郎穿著「摩令古」禮服。日治時期，上流社會的新郎禮服在一九三〇年以後，幾乎定尊於一：「摩令古」擊退了「福鏤庫」。新郎如哈利波特和小偵探柯南的眼鏡，是日本時代第一百零一種眼鏡。那時沒有方框，沒有橢圓框，所有士紳知青戴的全是圓框眼鏡。〈簡永彬提供，採自台北大龍峒的老相館「楊寶財寫真館」〉

照片裡的新郎新娘是中國信託公司董事長辜濂松的父母親。新娘辜顏碧霞才十八歲，就讀三高女〈今台北中山女高前身〉時，辜濂松的祖父辜顯榮帶著父親辜岳甫到學校請小野校長撮合姻緣，小野校長慎重介紹三位大家閨秀，辜岳甫一眼看中其中一位，辜顏碧霞就這樣嫁入辜家豪門。婚禮於一九三二年舉行，英挺的辜岳甫穿「摩令古」禮服，手捧著大禮帽，坐著高級的「自動車」〈轎車〉前往三峽顏家迎娶，鄉親圍著禮車，爭相目睹豪門婚禮的氣派。新娘身穿傳統兩件式的衫裙，花紋清晰。頭紗垂地，由一旁的花童幫忙扶抱。辜家當時權勢財勢均隆，辜顯榮兩年後還獲選為第一位台籍日本貴族院議員，辜顏兩位新人的禮服裝扮，無疑是當時最流行最華貴的箇中代表。〈松柏文教基金會提供〉

這張婚照未標明年代，有個追查線索藏在前排右邊的花童身上。她叫張愛治，是台北煤礦富商張聰明之女，一九二五年生。依身高推測，約莫七、八歲，所以，結婚時間不外一九三二到一九三三年之間。新娘還穿中西混合式的禮服，頭紗包得只見耳際的髮絲。結婚照裡的人物總以各自不同的心情投入。對坐在邊緣的男孩來說，大概把左腕翻過來給照相機知道他有隻酷手錶，幸福快樂更勝和新郎新娘拍結婚照。（張超英提供）

據照片提供人張超英指出，辦喜事的是台中潭子林家，新郎的媽媽〈前右五〉和他的祖母〈前左四〉結拜，所以祖母應邀南下出席婚禮。門前立起的兩支長竿，條紋旋轉如現代美容院的招牌，兩邊各綁橫條紋布幕，這是日本時代常見的喜慶布置，仿自日本，條紋紅白相間。林家新郎留學日本，卻穿著中式禮服，與當時多數望族子弟不同。新娘反倒揮別一九三◎年初期的中西混合式穿法，雖然頭紗還是如一頂過大的帽子，蓋到眉邊，但身穿的已不再是台灣衫和台灣裙，而是洋裝。過去風氣保守，新娘多只露頭。林家新娘為什麼如此與眾不同，穿圓領的洋裝？提供照片的張超英猜說：「她是日本小姐，是這個原因嗎？」〈張超英提供〉

張文成先生與呂直賢女士結婚記念
一九三六年二月十五日

上：一九三六年的婦女雜誌刊登了這對新人的婚照，並形容他們像玩偶娃娃，「漂亮可愛的一對」。新郎當時二十三歲，新娘二十一歲，都留學香港，一唸香港大學電氣機械科，一唸英國人辦的女學校。新郎的父親是美商石油公司的台灣支店長張鴻圖〈前排左四〉。新郎新娘的禮服充分展現張家的國際性，走在流行的尖端，新郎穿「摩令古」禮服，持大禮帽外，打的領帶是當年最流行的「艾斯科特領帶」〈Ascot tie〉。新娘禮服更完全西風；頭紗不再蓋頭蓋額，輕輕退讓到頭頂的位置，身穿一件式襲地洋裝。可以這麼結論，一九三〇年中期以後，富貴家族婚照裡的新娘已看不見中式服裝了。花童穿蛋糕裙，也襯托這場婚禮的時髦洋風。〈張超英提供〉

左：傳如此照來自台南名醫吳秋微家族，新郎是吳家人，但由背後牆上的十字架判斷，拍攝地點應不在台灣。不論如何，戰前新娘的一襲婚紗已呈現如此清靈高雅，美不勝收。〈簡永彬提供〉

跟現在婚紗照的經營手法一樣，以前台南一家叫「日之丸寫真館」的照相館，製作一本婚照樣本供顧客參考。此照就出現在「日之丸」的樣本裡。〈簡永彬提供〉

1940s

新郎林逢源出身戰前台灣五大豪族之一的台中霧峰林家。林家自清朝就有功名和財富，到日治仍然名人輩出。林逢源與新娘藍炳妹於一九四二年底結婚，在林家鋪地毯的正廳留下這張紀念照。一九四二年已進入日治末期，日本在東亞的戰事不斷擴大，但不影響上流的結婚禮服款式。新郎繼續穿「摩令古」，不像有的「中流」（老一輩人口中的中產階級）階級，換上戰時服裝「國民服」。新娘藍炳妹的白色長洋裝也還可以到洋服店訂做。（藍容提供）

1950s

戰後初期，還偶見新郎穿「摩令吉」，但絲質高禮帽已經告別。不過，富邦集團總裁蔡萬才於一九五五年的婚禮，再現了新郎手捧黑色大禮帽的風尚。新娘楊湘薰出身名門，頭戴的頭紗只到手肘，不再像戰前流行曳地；捧花緞帶也被綠色新娘花取代了。戰後初期，許多政商名門的婚照背景都會出現如圖的發光大「囍」字和「花好月圓」裝飾，那是在中山堂光復廳辦婚禮的標誌。當時蔡萬才的岳父楊肇嘉是政壇聞人，蔡家在商界也立了名號，婚宴席開一百桌，台北還沒有觀光飯店，只有那裡場地夠大。（蔡萬才提供）

1

結婚

新娘婚紗
新郎禮服
結婚喜宴
西式婚禮

新娘婚紗

MARRIED IN WHITE, YOU HAVE CHOSEN RIGHT,
MARRIED IN GREEN, ASHAMED TO BE SEEN,
MARRIED IN GREY, YOU'LL GO FAR AWAY,
MARRIED IN RED, YOU'LL WISH YOURSELF DEAD,
MARRIED IN BLUE, YOU'LL ALWAYS BE TRUE,
MARRIED IN YELLOW, ASHAMED OF YOUR FELLOW,
MARRIED IN BLACK, YOU'LL WISH YOURSELF BACK,
MARRIED IN PINK, OF YOU HE WILL THINK.

這一首古英詩，道盡了西方對新娘禮服的顏色偏好。

新娘穿粉紅色，會贏得新郎的想念；穿藍色，意味永遠忠實。穿粉穿藍都還不錯，但穿白色更棒，代表選對了新郎。難怪傳統西方新娘都穿白色綢緞或蕾絲布。穿其他綠黃灰色禮服，則全無吉利，穿紅色更糟糕，從英詩看，穿紅跟找死無異。

中國新娘唯一不變的禮服顏色，卻正是這可怕的紅色。一身除了紅色，還是紅色，衣服紅，鞋子紅。反過來，對傳統中國人來說，白色出現在婚慶喜宴上，老員外會氣得吹鬍子，老夫人可能當場昏厥。

中西截然不同的新娘服文化，走進二十世紀，簡直跟兩部狹路相逢的車子，擦撞難免。長時間來看，大紅的鳳冠霞帔最終敗給了雪白婚紗，但白紗也非一腳撂倒紅妝，台灣大約花五十年時間，白色婚紗才普遍化。

清朝治台的時期，結婚禮服自是依據傳統，直到一八九五年，台灣割給日本，而日本模仿西方文明已近三十年，西方婚禮的因子才尾隨而至。但仍要等到第一代受日本新式學校教育、而非出身漢塾的知識青年畢業，又逢中國革命成功，迎接西式文明才逐漸理所當然起來。

一九一五年元旦，翁俊明〈醫生，戰前曾被派為台灣省黨部主委，旅日明星翁倩玉的祖父〉在台南結婚，婚禮有許多新式作風，像新娘就不穿傳統紅衣裳，而是自己縫製婚紗。翁俊明結婚合照經過印刷，雖已模糊，新娘戴頭紗的輪廓倒是清晰可辨。

一九二〇年代，可能因結婚要拍「紀念寫真」的風氣日廣，留存到現在的婚照比一九一〇年代多，新娘穿西式結婚禮服的情形也較清楚。一九二五年有台中豐原籍的前輩畫家廖繼春結婚，一九二六年有

上右：一九二七年，吳三連娶米商的千金。新娘頭紗上的花飾誇張得像一頂大花帽。
上左：一九二〇年代的上流新娘穿的洋裝，裙長過膝，不像三〇年代中期以後以襲地長禮服為主。
下：蔣介石和宋美齡一九二七年在上海結婚，新娘婚紗號稱時髦，頭紗形式也是遮蓋了額頭。

台南名醫、前省參議員韓石泉結婚，隔年有台南市籍的永豐餘集團創辦人何義、大甲出身的前建設廳長朱江淮、前台北市長吳三連等結婚。同一九二七這一年，雲林縣莿桐鄉擁地千甲的大地主林本，也娶了媳婦。一九二八年，則見有另一位前輩畫家林玉山的婚照。舊照上，他們的新娘頭紗頗為一致，多做得高聳，以大朵花裝飾。頭紗長度多屬垂至手肘的Elbow。

頭紗的英文veil，日語用為外來語，寫做「ベール」〈唸做bei-lu〉。遠在羅馬時代的新娘就戴頭紗，有防制鬼怪侵犯的作用。近代頭紗只有美飾作用，衍生出各種質料和長度、形態。到肩的叫Blusher，約到腰際和手肘的叫Elbow，過臀部，到達手臂自然垂下的指尖，則叫Fingertip。Waltz型的頭紗長到小腿肚或腳踝，最長最正式的Cathedral則已經拖地。

一九二〇年代，時髦新潮的台灣新娘雖然戴西方頭紗，身穿的卻不是我們熟悉的白色長禮服。她們的裙長大約過膝，但有的中式袖，有的西式領。西式領有的還像襯衫領，林本媳婦結婚禮服穿的洋裝，領型更是如同西裝。

上：一九三〇年，台北的煤商少爺張秀哲娶留學東京的甘寶釵。新娘穿著中式的衫和裙。
中：從新娘背後看見的頭紗形式和綁法。
下：一九三〇年前後流行的中西混合式新娘裝，有大片而精緻的繡花，裙及腳踝或過膝，和之後幾年流行的純白婚紗差異明顯。

一九三〇年初期，新娘禮服曾經流行過粉紅色。林衡道〈一九一五年生，前省文獻會主委，民俗專家〉在回憶錄談到，日本時代台灣都市近代化之際，「日本人結婚時穿白紗禮服，臺灣女孩也學著穿白紗禮服，祖母輩的人看了覺得很不吉利，出面干涉，所以只好買粉紅色紗的禮服，看起來非常土氣。」

現今中信集團龍頭辜濂松的母親辜顏碧霞曾於一九四二年出版日文小說《流》，講述大家族媳婦守寡的辛酸與奮鬥，跟她自己的實際遭遇幾分神似。書中有一段說主角忘神思念過世的丈夫，想到結婚當

本島人の婚禮衣裳

上海からの影響が多い

（本島婦人の結婚姿）

上：一九三二年的報紙指出，台灣新娘的結婚禮服受到上海的影響。

下：一九三二年，辜岳甫到三峽迎娶辜顏碧霞。新娘穿兩件式的中國衫裙，一旁花童抱著她長長的西式頭紗。

時；「她穿著粉紅色的新娘禮服，罩著亮麗的粉紅面紗……。」

現實裡的辜顏碧霞，是於一九三二年與辜岳甫結婚。從辜顏碧霞的黑白婚照看不出結婚禮服的顏色，但樣式與甘寶釵的禮服略同。甘寶釵為彰化名門之女，到日本留過學，一九三〇年嫁給台北大煤商的獨子張秀哲。甘寶釵的兒子張超英至今保存完整她的結婚禮服，而據張超英指出，母親的禮服正是粉紅色。（參見第22頁）

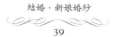

一九二九年，台北張家的婚照裡，新娘雖穿中式衫裙，但緞面上不見繡花。

辜顏碧霞和甘寶釵穿著的新娘禮服可說是中西混合式；西式的頭紗曳地，裡面的中式衣服兩截式，下為過膝長裙，上為有傳統大襟衫領、喇叭袖的短襖，全身有中國傳統繡花圖案。

在辜顏碧霞和甘寶釵兩位新娘結婚日期之間的一九三一年九月八日，臺灣日日新報正有一篇報導指出，當時摩登的台灣婦女的婚禮衣裳主要受上海來的影響。這種中西混合式新娘服，一如粉紅色禮服時興，或許正是婚紗從中到西、從紅到白的必要過渡與插曲。

但沒幾年光景，一九三〇年代中期以後，原來的中西混合式禮服很快被洋式結婚禮服取代。這種變化可以台北市的張鴻圖家族婚照來看。張鴻圖〈一八九二年生〉到香港唸中學，會說英文，回台灣進入美國人的石油公司任職，最後當到美商標準石油台灣支店總經理，家裡往來許多洋人，信仰基督教，生活穿著也時髦洋化，像他會穿短褲長襪皮鞋去新店遊船釣魚，是台北一位國際型的商紳。他的弟弟和兒子分別於一九二九年和一九三六年結婚，新娘禮服就兩不相同；前者中西混合式，後者一襲白紗，花童還穿著三層式蛋糕裙禮服。

張壬癸先生與林蕊女士結婚記念
昭和四年十月廿八日

一九四二年，在有歷史性的霧峰林家豪宅內，新娘新郎的洋式裝扮，和花瓶、太師椅、大囍字同台演出，既是衝突，也是文化的融合。

一九三六年台北的婚禮上，花童的角色受到重視，慎重穿著三層式蛋糕紗裙出場。

一九三〇年代中期以後，台灣上流社會的新娘穿著幾乎已經定調，就是穿白色長洋裝和白色頭紗的禮服，不再穿上衣長裙兩件式、有繁複圖案的中西混合式禮服。

日治後半時期，上流家族新娘穿的一件式洋裝長裙，多半跟洋服店訂做。今年九十歲的台灣早期眼科女醫生藍劉玉嬌受訪指出，她一九四一年在台中結婚，身穿的純白襲地洋裝就是在東京新宿的洋服店訂做的。不過，她前一年從東京女子醫專畢業時，畢業典禮和謝師會在最高級的帝國飯店舉辦，人人盛裝，她也在新宿一家叫「いさみや」洋服店訂製洋裝。結婚時，還是滿合適，就充當新娘禮服。

這種長裙禮服當時稱「ウェディン・ドレス」，即英語的wedding dress。從舊照和訪問的結果看，新娘的長洋裝多白色緞子，很少見使用紗或蕾絲剪裁。剪裁上有個特點，領口裁得頗高，不給見胸，少有例外。裙線貼著腰間垂下，沒有戰後那種蓬蓬的婚紗型式。這般款式的新娘禮服一直到二次世界大戰結束前，仍伴著上流階層女性飛向婚姻美夢，一九四四年二月，雖然戰事白熱化，年輕得意的台北州工商課長楊基銓娶台南望族之女劉秀華，新娘還是穿著一襲白色洋式的wedding dress。

戰前很少見這樣的新娘獨照，不只意味女人地位提升，且新娘的姿態也顯示已脫離記錄照、紀念照，進入現代藝術照的攝影概念。

一九三〇年代中期以後的新娘頭紗，也不再像二〇年代包住整個頭，連額頭都遮掉，略顯嬌羞；新時代的新娘看來昂揚開朗，前額和特意梳燙的頭髮無畏的露出來，頭紗輕輕從頭頂後方流洩而下，垂到腳跟前，綿延到新郎那側。至於頭紗的來源，經訪問幾位年過九十歲的女醫生和名門太太，有的說，「頭紗沒人用訂做的，一輩子就戴那麼一天，用租的就好了。」也有人說，去日本買回來，但姐姐戴完，留給妹妹戴。

當然，日本時代貧富差距懸殊，一般平民家庭的新娘是穿不起白色wedding dress的。據一九三六年底「臺灣婦人界」月刊調查台北末廣町〈今靠北門這邊的西門町一帶〉一家專賣新娘婚紗的店，wedding dress價位從四十圓到一百五十圓，頭紗十五到七十圓，鞋子十五到二十圓，連手套都要五、六圓，豈是一個月三、四十圓的上班族或勤儉農家承受得起的價格。

新郎禮服

現代人結婚，聚光燈往往停留在新娘身上，賓客多注意新娘禮服的華美和她笑意不止的嬌羞，而忽略新郎的打扮。八、九十年前，走在潮流浪頭的新郎，單憑手拿著一頂大禮帽，風采就不輸給新娘。

通說台灣在清朝統治時期，新郎倌穿中國傳統的長袍馬褂，其實更準確一點說，應是大戶人家子弟娶親，才穿這種類似官服的高級品。平民新郎不一樣。一九七三年，台灣省文獻會巡迴幾個鄉鎮，調查婚葬習俗。台北縣金山鄉一位約一八九六年生的耆老許金水那時受訪指出，金山是靠海偏僻的漁村，結婚比較簡單，早年的新郎就只是穿「青衣青褲」而已。青衣青褲即簡單的漢式藍色衣褲。

一八九五年，日本統治台灣，上來一群又一群已經穿西服快三十年的日本人。很快也有台灣男士脫下長袍，改穿西裝，但日本新政權並沒有強制改裝，普及化速度緩慢。到一九一〇年以前，士紳階層還極少嘗試西式服裝。一九一〇年代西服普遍化，才逐漸影響新郎在婚禮的穿著。

目前所知，一九一三年結婚的楊肇嘉（一八九二年生，曾任省民

一九三四年台中潭子林家的紀念照，新郎新娘的禮服一中一西，似乎也無不妥。

政廳長〉已從東京買回昂貴的西式「大禮服」，當一個走在時代尖端的新郎。《楊肇嘉回憶錄》說，大禮服裝在一個箱子裡，坐船時被海水打濕。他的養母叫婢女打開，他「依稀聽到外面傳來一連串笑聲和婢女們的叫喊：『好漂亮呀！』」

日本時代，男人的正式禮服有兩種，一是日間禮服，日本時代稱モーニング〈唸音近似「摩令古」〉，即援用自英文的「morning coat」，而以「morning」簡稱。另一種正式禮服叫「燕尾服」。兩種禮服內穿襯衫和背心，再打領帶，基本形式相近，但細部則有不同處。日間禮服把外衣前方的下襬切斜，讓腰間外露，燕尾服的外套下襬則在腰部切利角。日間禮服的長褲必需是直條紋，襯衫為白色，領帶以銀灰和白色為最正式。另外，顧名思義，燕尾服把背後的外衣尾部裁成兩片，又如燕子的尾巴，也跟日間禮服不同。這兩種正式禮服，日間禮服「摩令古」才用於新郎禮服，新郎並不穿燕尾服。

不過，楊肇嘉所買的大禮服屬於日治前期流行的フロックコート〈即英文的frock coat，唸做「福鏤庫」〉，是一種十九世紀後期在西方流行的禮服，有雙排扣，長及膝蓋，型態類似現在常見的大衣，遮過早期的新郎禮服要在洋服店購買。

戰前盛裝的新郎一定穿黑色的日間禮服，當時唸做「摩令古」，斜襬和直條紋長褲是這種禮服的特徵。

肚子和大腿，外觀看起來卻不是一片式，腰部有做剪接。frock coat到二十世紀初期逐漸過時，被morning coat取代。在台灣亦乎如此，一九二〇年代還有很多富貴新郎穿frock coat，一九三〇年代就慢慢少了。

在楊肇嘉關於新郎禮服的敘述中，有兩點頗值推敲。他說，是養父寄兩百圓到東京，讓他張羅結婚用的行頭。平時他在東京一個月租屋含三餐才需十六圓，最後他到有名的洋服店訂做了三十五圓的大禮服，看來不便宜。而大禮服拿回台中清水家鄉，養母初見箱子裡的禮服，「神色顯得非常高興」。從楊肇嘉養父母反應來看，一九一〇年代初期，即便像楊父楊澄若出身前清秀才，不僅不排斥，對新郎西服接受度還頗高。

另外，楊肇嘉並沒有穿著大禮服迎娶新娘。他的婚禮一切依照舊俗，一樣有紅轎和長長的嫁妝聘金隊伍，新郎一樣踢了新娘的轎門，但不是穿著西洋人的大禮服踢的。楊肇嘉說，第二天大張喜宴時，他才穿上大禮服，迎接賀客；「尚未穿過的新禮服，穿在身上是硬綳綳的」，他都覺得自己一付「怪模樣」。由此可見，新郎西式禮服成了整個婚禮中唯一西化的物件，可算是婚姻禮俗現代化的先行者。

總的來說，從一九三〇年代以後，台灣上流階層的新郎禮服就完全定調，並且直到戰爭結束，幾乎定於一尊，多穿著所謂的日間禮服「摩令古」，少有例外。

據一九三六年「臺灣婦人界」一月刊查訪台北京町〈今博愛路兩側地區〉有一家洋服店「川杉洋服店」，整套morning coat日間禮服的價格，如用國產布料，要一百圓，用進口布料就要一百五十圓，是一般人怎麼看都很昂貴的金額。一般市鎮公所公務員月薪才二、三十圓，坐船到日本也差不多二、三十圓，一套新郎禮服要月薪右上：山高帽圓圓硬硬的模樣，增添新郎的親切感。
右下：新郎為地位顯赫的總督府評議員郭廷俊之子，他手上拿的絲質大禮帽，英文稱silk hat。
左：台中清水望族之子楊肇嘉一九一三年在東京為自己購置frock coat，提回台灣當新郎禮服。這種禮服像大衣，但腰部有做剪接。〈楊涵凱提供〉

三倍、五倍，因此一般人家的新郎通常不會買大禮服，中流以上的公務員、會社職員則租借禮服來穿。

當年穿日間禮服，少不了搭配一頂西洋黑帽子。那時的新郎比現在還酷，主要就在摘掉傳統長袍上的紅帽，改戴這頂黑帽子，增添好幾分穩重紳士的質感。日本時代的時髦新郎禮帽有兩種，一種是大禮帽，比較高級，也比較正式。因是絲製，閃閃發亮，英文叫silk hat。從舊照來看，帶有官家高第色彩的大戶人家，新郎較可能拿絲質高禮帽，像現今中信金董事長辜濂松的父親辜岳甫於一九三二年結婚，就穿著日間禮服，左手捧著高高的絲質大禮帽（參見第24頁）。辜岳甫的爸爸辜顯榮當時是全台排名第一的官紳，正擔任總督府評議員；同樣擔任府評議員的郭廷俊，兒子結婚也拿這一型大禮帽。

另一種禮帽模樣可愛，日本時代叫「山高帽」〈日語讀做yama-taka-ho〉。美國默片巨星卓別林戴的那頂帽子就是山高帽，英文稱「bowler hat」，因為這種帽子是一八五〇年代英國帽業家William Bowler設計。山高帽雖說是毛氈製作，但整個帽子做得硬硬的，帽頂圓圓的，帽簷微微上翹，並纏上一圈有蝴蝶結的絲帶。

結婚・新郎禮服

在歐洲，山高帽從十九世紀就已流行，二十世紀仍是士紳的常用帽。在台灣，受日本傳入西風的影響，一九一○年代的豪紳，逐漸剪掉辮子換上西服，重要場合也開始學西方人手拿著山高帽。像一九一四年，霧峰林家的林獻堂在接待日本伯爵板垣退助訪問彰化銀行的舊照裡，板垣戴山高帽，林獻堂也拿著山高帽。一九二○年代以後，山高帽則逐漸成為台灣上流階層新郎的主要裝扮。舉凡醫生如台南韓石泉、知識菁英如吳三連、富商如何義、豪農地主如林本的兒子、學者如陳紹馨、官員如楊基銓等人的結婚寫真，都有山高帽陪襯。

以前的時髦新郎一隻手拿黑色禮帽，另一隻手也沒閒著，必然握著一雙白色手套。手指上倒沒有婚戒。現在時下已婚男士多戴婚戒，新郎新娘也在訂婚時交換戒指以示忠貞，日本時代還未染此西習，新郎並不戴戒指。以前整個婚禮只有一枚新娘戒指，且不由新郎而由新郎的父母「送定」去女方家訂婚時，給準新娘戴上，以順便查看未來媳婦有無斷掌等可怕情事。

新郎服裝到戰後初期還能在上流社會一瞥黑色禮服禮帽的英挺風姿，像一九四八年辜振甫娶辜嚴倬雲，一九四九年前新光保全公司董

右一：禮帽是戰前新郎的主要裝飾，洋式打扮的新郎有的拿大禮帽，有的就拿如圖中新郎腿上的「山高帽」。
右二：富邦集團總裁蔡萬才於一九五五年結婚，穿著戰前最流行的「摩令古」日間禮服，手扶一頂黑色大禮帽。
左：前新光保全董事長陳玉璞戰後第四年在高雄結婚，穿當時已很稀有的「摩令古」禮服，但不拿禮帽了。

事長陳玉璞結婚，乃至於一九五五年富邦集團創辦人蔡萬才娶前民政廳長楊肇嘉之女楊湘薰，就是穿morning coat。但受美國流風影響，台灣新郎很快改穿一般的西裝。直到一九九五年，連戰之女結婚，才明顯再見新郎穿直條紋長褲的morning coat，只不過，高高的禮帽和白白的手套不見了。

日本時代，新郎禮服可說是上流階級的風尚表徵，與勞工農民絕緣。現在走過愛國東路的婚紗街，甚麼款式都有，人人都可以花一點錢，租來燕尾服、日間禮服，在完成終身大事那一天，為自己虛構一天的時髦氛圍，時代真的大不同了。

新郎的領帶物語

從結婚舊照看，日本時代名門世家的男人，不論新郎或新人家長打領帶，時髦不輸戰後。以住在中山北路的張鴻圖家族説，一九二九年張鴻圖的弟弟張壬癸結婚時，兩人就追上時代潮流，都打了白領帶〈white tie〉，這是最正式的晚禮服領帶。張鴻圖的兒子張文成一九三六年年初結婚，打的領帶「艾斯科特領帶」〈Ascot tie〉更具時尚。證諸同一年年底的婦女雜誌「臺灣婦人界」，就有提到當時流行「アスコット」，也就是Ascot tie。

張鴻圖生於清末，但日治時期，先在香港求學，後任美國石油商的台灣區總經理，戰後初期又擔當過台北基督教青年會理事長，看他家族的穿戴打扮，就可知道當年流行最前線的風情。

日本時代，台灣的貧富和知識差距都大，穿正式禮服、戴領帶的新郎裝扮，階層的另一邊人就不一定熟悉了。前新光保全董事長陳玉璞〈一九二七年生〉説，他八、九歲時，有一次代父母親出席新竹鄉

張家新郎畢業於英國殖民地香港的香港大學，裝扮時尚，戴一九三六年當時流行的Ascot tie。

間的喜宴。新郎真是「朝直」〈憨直〉，大婚之日一早還下田，直到遠方傳來「哨角」〈一種長喇叭〉低沉的聲音，知道新娘轎子已經啟程，才趕快回家。新郎急忙換裝，先穿白襯衫；做為農家新郎，這已是很棒的打扮。接著要打領帶，卻卡住了。新郎握領帶像握蛇，不知所措。賓客陸續抵達，新郎家逢人就問會不會打領帶，陳玉璞說，他是小孩子，大人也問他。他憑看父親打領帶的記憶，也上前一試，結果還是不行。賓客個個搖頭，沒人會打這時髦的西服配飾。最後，有個人會，這才跳出來解了圍，順利完成終身大事。此人是辦桌的「總鋪師」；遇多鄉村不會打領帶的新郎，總鋪師早學起來放，以應付不時之需。

結婚喜宴

當今數一數二的金融財團富邦集團總裁蔡萬才，其岳父楊肇嘉一九一三年結婚當天，在台中清水家裡「辦桌」。楊肇嘉曾回憶說，「在這樣鋪張的大場面中，主人家是來者必請的，這餐午飯的規模之大，可想而知。廚房大忙了一陣子，雞鴨不算，連豬都準備了滿豬欄，不夠用了隨時宰殺，隨時下鍋。」

現代人結婚辦桌，不要說豬影子見不到半個，離自家廚房也三千里遠；飯店負責讓我們不用看見半隻會走路的豬仔，就能享用香噴噴的婚宴佳餚。

從九十年前到現代，婚宴型態變化如此之大，過程中，日本統治台灣的中期有了明顯的轉折。

一九一〇年代，日治後第一批不唸詩書而唸科學、日文、上體操課的台籍知識階層紛紛進入適婚年齡，他們受西潮洗禮，辦起結婚儀式，有種種和傳統的妥協，也開始有許多突破與改變。像楊肇嘉被秀才老父逼回台灣成親，一切任人擺佈，按古禮進行，但他還是從東京帶回洋式大禮服，裹得全身「硬繃繃的」給賀客敬煙敬茶。再如淡水的李奎璧，唸當時的最高學府「總督府國語學校」，畢業後任公學校教師，他一九一一年結婚，新聞報導指這對新人「不較聘儀之多寡。除去舊慣」，是「文明良匹」。

到一九二〇年代，婚禮滲入的西洋元素就更多了。在婚宴方面，剛崛起巨富沒多久的基隆顏家，第二代嫡長子顏欽賢〈戰後擔任過民社黨省參議員〉於一九二六年一月結婚，啟用六部汽車，替代過去鑼鼓喧天的長長迎親隊伍，且婚禮結束隨即返回日本繼續課業，婚宴準備等四月再回台灣「盛開園遊會。披露結婚事」。

園遊會之外，一九二二年，台灣第一位醫學博士杜聰明的婚宴就比較像今天的型態，選擇在大餐廳辦「披露宴」〈日語「披露」意指「宣佈」〉。杜聰明在其《回憶錄》說，他們選擇在江山樓宴客，名紳齊集，「數百人呈全樓客滿之狀況」。杜聰明長女杜淑純的口述回憶進一步指出，當天「席開三十餘桌，有三百多人出席」。

日本時代，說起宴會應酬的場所，台北上流最常去兩處，位於今延平北路二段的江山樓正是其一。創辦人吳江山以自己之名給餐廳取了響亮的招牌，四層樓高的建築，在一般人都住平房的年代，江山樓堪稱雄偉如山。一樓有廚房和辦公室，二、三樓才是宴會場，四樓則有花園。一九三六年，一本婦女月刊「臺灣婦人界」，曾訪問了江山樓支配人（總經理）、吳江山的兒子吳溪水，他表示，江山樓可做到三百人的宴席。

一九三六年末，又到「娶個老婆好過年」的結婚旺季，「臺灣婦人界」在十一月號製作了結婚專題，調查了台北各種結婚禮服、嫁妝、傢俱和婚宴的價位。雜誌社走訪了七家最有名辦婚宴的餐廳飯店，江山樓以身為臺灣料理的代表餐廳而上榜。

雜誌上詳列每處餐廳的婚宴菜單，像江山樓的如下：

百歲團燕〈湯圓燕窩〉
金錢鶌鴣〈蝦〉
雞絨魚翅〈鯊魚翅〉
脆皮燒雞〈烤雞〉
如意片笋〈筍湯〉

半席 炸春餅〈炸豆芽菜等春捲〉

清炖水魚〈鼈〉

八寶煎蟳

竹笙雞片

鳳尾鮮蝦〈天婦羅〉

完席 炒卵飯〈蛋炒飯〉

《註：原雜誌於括弧內本有日文說明，此處由筆者再譯成中文》

依菜單看，跟現在相去不遠，湯圓始終是台灣人結婚酒席上必吃的吉品。魚翅燕窩，卻叫人吃驚。炸春餅是「半席」點心，蛋炒飯則屬「完席」菜。所謂半席、完席，是臺灣料理特有的概念。依一九二八年臺北市役所〈市政府〉出版的《臺北市案內》指出，臺灣人自有一套宴席習慣，如果有十二道菜，第六道就稱「半席」，必定是甜點。主人此時必須用熱水一一沖洗客人的湯匙，再放回桌上，勸進甜點。吃完半席的甜食，再請客人到一旁椅上稍事休息，並拿面盆裝熱水，浸熱手巾給客人擦手擦臉，最後再請大家回座繼續下半席。

日本時代的大酒樓餐廳，除了江山樓，台北人最常光臨的還有蓬

蓬萊閣是日治時期台北數一數二的大酒樓，請來廣東人擔任大廚，他也曾被聘到美國七年。

萊閣。《台北市志》說，蓬萊閣位於今天南京西路圓環邊，比江山樓晚建，比江山樓大，兩者並駕齊驅。七十年前，「臺灣婦人界」訪問了店主。老闆陳水田說，蓬萊閣專做廣東菜和四川菜，大師傅是「世界有名」的廣東人杜子釗，曾待在美國七年。杜師傅之外，還有多位師傅，也都是名廚。他有自信，蓬萊閣辦的婚宴菜居台灣第一。

蓬萊閣確實很熱門，陳老闆說，一九三五年就有超過兩百五十對新人預訂喜宴。一九三六年更多，單十一月，某一晚就有十個訂席。

如此搶手的高級婚宴場都吃甚麼？蓬萊閣提給雜誌的示範喜宴菜單，雖然已成歷史白紙上的黑字，仍可供現代人追想何種菜香為新郎新娘的婚禮熱場助興。

蓬萊閣的喜宴菜單如下：

百歲官燕〈燕窩〉
炸一品蝦
水晶鴿蛋

翠皮燒雞〈烤雞〉
紅炖魚翅〈鯊魚翅〉
半席 白炊包〈肉包〉
三夾火腿〈炸火腿〉
扁魚白菜〈山東白菜〉
八寶焗蟳
杏仁蓮子〈甜湯〉

不論臺式或中國式餐廳的婚宴，一道一道菜上，總要從晚上六點吃到九點。

日本時代，也已經有西洋式婚宴，最有名的場所當然非鐵道旅館莫屬。這幢佔地三千多坪的豪華典雅旅館，原址即今台北火車站前的新光摩天大樓，號稱台灣唯一洋式飯店，一樓的大食堂可供一百五十人坐下來開宴會。

正式西餐坐長桌，但鐵道旅館的婚宴場也置圓桌，但按人頭收費，一般是五圓，跟江山樓和蓬萊閣一桌坐十人，只花十八、二十

鐵道旅館的婚宴可吃到冷盤蝦子、三明治、冰淇淋等洋食。

圓，顯然昂貴許多。當然，還有比五圓貴的婚宴料理，而且加了錢，服務也升等。例如七圓等級的享有「Silver Service」，也就是有穿白襯衫、黑長褲的服務生端著大銀盤，放著蝦子等冷肉，繞桌一一供客人點選。七圓的菜單還有清湯〈consomme〉、三明治、冰淇淋、水果、壽司、紅茶、花生、奶油、洋菓子等。飲料則有啤酒、汽水、檸檬水〈citron〉、紅葡萄酒、香檳等。

鐵道旅館還告訴「臺灣婦人界」雜誌，他們在桌上會擺白玫瑰花。不過，台灣沒有玫瑰生花，所以用的是人造玫瑰。菜單則會印上新人的家紋。等宴席將散，紳士們可以把玫瑰花和菜單帶走。現在日本人的喜宴仍有如此做法，賓客要帶走桌上鮮花、名牌、菜單和主人的禮物等幾樣東西。

還有一種可辦婚宴的奇怪場所叫咖啡廳。日本時代喝純咖啡的地方叫「喫茶店」，咖啡廳帶有色情風味，但也是餐廳。「ボタン」〈讀做bo-tan〉是一家老牌咖啡廳，賣洋食。婚宴菜價位約一人三圓，提供濃湯、豬排、沙拉、水果和咖啡、麵包等現代人很熟悉的西餐。

臺灣婦人界雜誌也介紹了專做日本料理酒席的「竹之家」，這家店的創始老闆館野弘六另經營「巴」汽車公司，專跑陽明山和北投溫泉區而知名。台灣人似乎極少進出這種餐廳，所以，沒沾染一絲日式婚宴的禮俗，否則喜宴結束，賓客就可笑嘻嘻帶走一袋布包的「御土產」〈o-mi-ya-ge〉了。

珈琲館〈Cafe〉不像現在是純喝咖啡飲料的地方，賣酒也賣料理，可辦小型結婚宴席。

西式婚禮

台灣一直到一九三〇年代，吹著鼓吹〈噴吶〉的隊伍，後頭跟著花轎，結婚儀式最主要的風景還是如此。然而在此更早之前，許多政治、經濟、社會等因素逐漸滲入，花轎被列入歷史博物館的清單，消失的命運已經難擋。

一八九五年日本開始統治台灣，初期結婚禮俗還一片舊風，到一九一〇年代，報紙開始為一些改變傳統的婚禮冠上「文明」的讚語。例如一九一一年，淡水儒紳雷俊臣的女兒雷幌娘受過日本帶來的新式學校教育，報紙形容她「貌雖中姿。而品學極優」，她要嫁的李奎璧也是受新教育的總督府國語學校高材生，兩人結婚，「其行聘且不較聘儀之多寡。除去舊慣」，誠所謂「文明良匹」。

如果現在新人相愛是婚禮的主題，一百年前，可能要說是聘金嫁妝的多寡了。前台灣省民政廳長楊肇嘉一九一三年結婚，他在回憶錄裡感歎當時的結婚，「無論主人賀客或看熱鬧者，他們最關心就是聘金、陪嫁錢和粧奩的多少，新娘的容貌體態尚在其次。至於新娘的健康情形、性格、生活習慣等更是不聞不問。」

一九一七年出現在台灣畫報上的汽車，模樣還不是房車。圖中背景是明治橋，即今圓山飯店前的舊圓山橋。

當時常有報紙討論台灣的風俗，一九〇五年就有人說，嫁女兒原為選擇女婿，但實情卻是爭相要多一點聘金，大家比要到的多或少，「幾如賣豬買牛」。評論的最後寄語改革，希望達到「文明之景象」。

到一九一五年元旦，雙雙受新式教育的台北男女廖坎和陳阿娟結婚，臺灣日日新聞報導指出，新郎新娘除去舊禮，由樂隊前導，「共乘自動車」，是一場「文明結婚」。此時的「文明」的意義似乎已進展到捨棄花轎了。這對新人搭的「自動車」就是日語的汽車。台灣在一九一二年末才有第一部汽車進口，一九一四年，一位戲院老闆才進口五部車開始在台北做租車生意，全台當時的汽車數不超過七、八輛，所以，廖坎夫婦可能是有資料可查、台灣最早坐轎車結婚的新人。

前台北市警察局副局長高松壽也曾回憶，一九一七年秀才父親高銘鴻結婚，母親陳蘊端是少數在公學校教書的台籍女士，「迎娶之日，父親刻意舖張，景美鎮上盛況空前」；多年後還有鄉親談起「父親

下：前輩畫家兼記者藍運登於一九四一年與眼科女醫師劉玉嬌結婚，乘坐「黑頭仔車」迎娶；潔亮的車身映照著新娘的長禮服。
左：傳統迎親儀式使用花轎，前有嗩吶導引，後有挑夫扛嫁粧，拉成長長的隊伍。圖最下為富貴望族新人新房裡的大床。

怎麼找到一部小轎車，迎娶新嫁娘。那時候汽車傳來東方不久，臺北市上的小轎車寥寥可數，用小轎車迎親，還是景美鎮上破題第一遭呢」，轟動一時，大批男女老幼「跟在迎親的小轎車後拍手歡笑」。

一九二〇年代，汽車取代轎子的情況日漸多起來，車隊的數量也愈來愈多。一九二一年，台南歸仁的楊金虎〈戰後當選過高雄市長〉娶高雄楠梓的林玉華，報上曾載女方家屬「轉乘自働車。前往婿家答禮」，看不出究竟使用幾部車。其回憶錄《七十回憶》則證明「汽車十輛」。同一年一月，嘉義南門外的蔡家和東門內張家結姻緣，坐一部車而已。一九二六年元月，北部以開煤礦鉅富的基隆顏家，第二代長子顏欽賢結婚，用了六臺汽車，從基隆開赴士林迎娶，回程花了一小時又五十五分鐘，現在看起來有

本島人の嫁入の荷物運搬行列 媒介人を先頭とし衣類、化粧具、装身具、金銀貨幣から、料理の品々、さては姻家への土產品まで、いと厳かに一品宛擔がせ、行列の長きを誇り顔に運ぶ本島人の嫁入荷物、是れ嫁の全財產である。

本島人の嫁入 赤い幕を引き廻した轎の中には、嫁入りの花嫁が姻家にとの途上である。前後に所持品の行列あつて、如何にも人生の一大事を物語つてゐる。

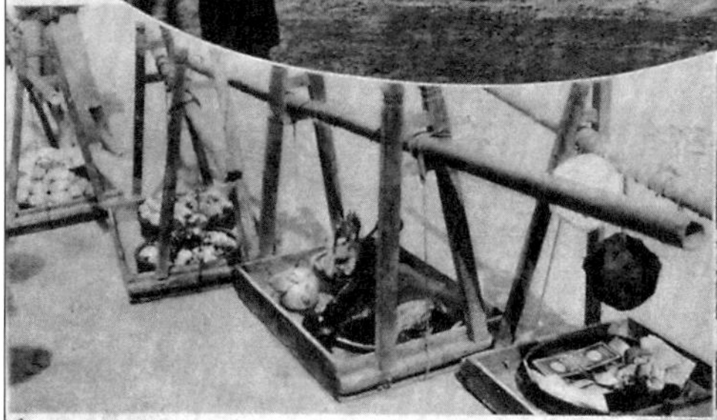

嫁入荷物の一部 嫁入りの荷物!? 勿論貧富によつて異なるが、上流ではすばらしい行列である。夫が嫁の携帶品、婚家への土產まで總てを一種一擔ぎづゝとして、人足苦力に荷はして行く様は數町に亘る。彼等は如何にも自慢顔に携帶品を見せびらかす風がある。

上流家庭の新郎新婦の寢臺 臺灣人上流階級の新郎新婦の寢臺である。是は普通新郎の家庭に於て特に華美をこらして製作するので。勿論上流階級に限り、自慢に見せる様なもので普通のものは極めて、粗造である。

點久。有趣的是，六部車中，還載了西洋樂隊，不再是邊走邊吹「鼓吹」的行列。一九三〇年九月，台灣第二大地主台中霧峰林家的林雲龍結婚，則動用汽車達二十四部之多。

新事物進入一個社會之初，許多人即便沒有渾身不適，也難免幾分礙眼。作家葉榮鐘一九三二年在雜誌「南音」說，台灣那幾年處於「過渡時代」，結婚形式新舊都有，迎娶方式一個人一個樣，有新郎親自去迎的，有新娘自己來的，坐人力車的，坐自動車的，甚麼都有。葉榮鐘特別對坐自動車，「卻要於車後掛一面畫紅八卦的米篩」，覺得是「莫名其妙的怪現象」。

早年，米篩是放在花轎後，等新娘從轎子下來，媒人必須舉高米篩，遮在新娘頭上，引她進新郎家門，以驅除邪魔。改乘汽車娶親後，米篩改掛在車後，到現在還不少人沿用，頗為自然，所以，現代人對葉榮鐘七十幾年前的「莫名其妙」反而要莫名其妙了。

一九一〇和一九二〇年代走在時代前端的「文明結婚」，還表現在結婚典禮上。依一九二一年三月報載，澎湖白沙庄的公學校老師許秋棕在學校裡舉行儀式，整個流程共有十二道手續：

一、來賓親戚入場
二、新郎新娘入場
三、宣布儀式開始
四、唱歌
五、主婚人登壇誨告
六、來賓演說
七、朗讀祝賀電報
八、新郎新娘答禮
九、主婚人代表新人致謝辭
十、宣布典禮完成
十一、新郎新娘退場
十二、來賓親戚退場

舊制結婚沒有這套儀式，不過依報紙強調，許秋棕的結婚式是澎湖當地文明婚禮的嚆矢，而澎湖在台灣島外，一九二一年才吹進文明結婚的風，台灣本島各地理應更早吹遍。然而，台灣究竟何時開始有

石錫純與張錦繡結婚記念
昭和十二年六月十二日

上：新郎的父親郭廷俊〈前左四持禮帽者〉位居總督府評議員，是台北著名的政商人物。新娘的父親林呈祿〈前左四〉也在一九四一年獲選為總督府評議員。他們請來的介紹人劉明朝夫婦〈坐新人兩側〉自然也非平凡百姓；日本時代行政官做最大的台灣人就是劉明朝，他的太太來自豪門霧峰林家。婚照合影所在的臺灣神社，原址為今圓山飯店。戰前有謂「神前結婚」，即到神社舉行儀式、隨之在神社拍結婚紀念照。圖中二排居中的就是臺灣神社的神官。

下：一九三七年舉行教會婚禮後在教堂拍的紀念寫真。

這套文明結婚典禮，很難定論。

一九一五年一月一日，跟前述坐汽車迎娶的廖坎同一天，台南翁俊明醫生結婚，典禮就採此文明儀式。由於翁俊明後來到中國行醫，並參加抗日活動，戰前出任國民黨臺灣黨部執委會主委，加上婚禮司儀由前內政部長連震東的父親、前副總統連戰的祖父連雅堂擔綱，這場婚禮特別被歷史放大，指為「第一次的文明結婚禮」。

事實上，早在一九一五年翁俊明結婚前就有「文明結婚」的概念，報紙也偶報導。第一場文明婚禮究竟誰屬，端視如何定義「文明結婚」；不同定義，會有不同的「第一次的文明結婚禮」。如果文明定義是下聘不計算金錢，淡水李奎壁娶雷俊臣之女比翁俊明更早。如果文明定義是使用近代化交通工具，而非花轎，台北的廖坎也早過翁俊明。如果，文明指的就是西方形式，第一場新式文明婚禮就更早了；因為有伴郎伴娘的婚禮，一百三十四年前在台北縣五股就看得見了。

加拿大的馬偕牧師一八七一年底到台灣，隔年起開始在北部開拓基督教的天地。他的《臺灣六記》一書指出，一八七三年三月二日他

馬偕牧師早在一八七三年就在台北五股為台灣人舉行過基督教婚禮，由教友和牧師充當伴娘伴郎。

在台北五股設立教會，第一次基督教式的結婚典禮就在五股舉行。馬偕把那場婚禮記錄得非常詳細生動。十七歲的鄭姓新娘坐紅緞裝飾的轎子往二十五歲陳姓新郎的家前進，後頭跟著二十五名苦力扛的嫁妝隊伍，不停放鞭炮，好不熱鬧。快到前，孩童大聲呼喊「來了，來了」。穿官服一般的新郎掀開轎簾，扶新娘入屋內。院子擠滿看熱鬧的村民，然後，基督教婚禮開始了。

馬偕記說，「新娘以一位女教友為儐相，新郎則由一位本地牧師扶著。我給他們做證婚人…」。馬偕說完結婚意義，訓勉新人應守一夫一妻制度，新郎新娘接著宣誓，完成結婚儀式。

但外來的西方結婚禮俗，看在那麼早以前的台灣人眼裡，跟毛毛蟲沒兩樣，黏到身上來，沒有不慌忙抓掉的。馬偕說，那次婚禮前，謠言四起，有的說新娘要先給牧師做太太一個禮拜，有的說牧師要先和新娘親嘴，連牧師要挖掉新娘眼睛的說法都有，可見當時民眾多麼恐慌與憤怒異俗入侵。

②

飲食

麵包

冰

麵包

十八世紀，動植物學、人類學、地質學等等各領域的科學家在歐洲以外的地區探險研究，英國生物學家柯靈烏一八六六年來到台灣島。五月底，他搭舢舨進淡水河。船過士林不遠，在一座山崖上，有一屋子，主人悠閒拿著雙筒望遠鏡朝他這邊看，並且招手，示意歡迎，把柯靈烏嚇了一跳。柯靈烏記道，他上岸和這家人喝茶，順便送一些食物；「棒砂糖的時價較貴，但他們似乎對麵包的興趣更大。」

柯靈烏淡淡幾個字，卻寫出台灣人對充滿西方風情的麵包陌生年代的好奇。

那以後幾十年，麵包不再在歷史書上誘惑台灣人，麵包滿足的也不是台灣人。一八七四年九月，日本的少佐軍官樺山資紀〈後來出任臺灣總督〉從淡水到宜蘭踏訪，有一天一付滿足的在日記載道，此行他只帶麵包，有一天空腹吃下，倍感美味，吃完有點疲倦，倒頭就睡了。

一八九五年日本成為台灣新統治者之前，以麵包為主食的西方傳教人員和商人，並不全然能吃到麵包。天主教神父高恆德一八八七年就說，「神父們每天吃的就是一盤米飯、蔬菜湯和一碗肉粥。」他們偶

左：大木庄三郎早於一九〇五年就在台北衡陽路、博愛路口製作紅豆麵包販售，被稱為「製菓界の成功者」。
下：台灣現身最早、有店號可查的麵包店叫「梅月堂」。

爾有蛋、魚、牛肉，但就是沒說有西方人幾千年來的主食——麵包。其他在台灣開洋行的西方人，他們做茶葉的進出口買賣，麵粉也有進口，烤製麵包一定有，但市街上是否有麵包店，資料上卻不明顯。

依目前所知，台灣現身最早、有店號可查、有做麵包的店叫「梅月堂」，已經是日治初期的事了。當時梅月堂所在地址為「臺北書院街一丁目一番地」，也就是今天衡陽路和博愛路口、功學社對角的慎昌鐘錶公司所在這塊地。書院街後改屬「榮町」〈今衡陽路兩側〉，直到一九四〇年代，梅月堂還是號稱「臺北銀座」的榮町上一家知名菓子店，老闆大木庄三郎也被形容為台灣「製菓界の成功者」。

右：木村家麵包袋上的商標，有創於一八六九年的字眼。木村家的紅豆麵包中央塞一朵鹽漬櫻花，貌似肚臍，有肚臍麵包的稱呼。
下：包餡麵包的創始者「木村家」，到現在仍屹立於東京銀座，日日吸引大批買客前來。

一九〇五年〈明治三十八年〉十二月九日漢文臺灣日日新報有一則題為「梅月珍菓」的新聞，指梅月堂「製成各種麵包發賣。風味甚佳。與東京所製無異。」接下去介紹梅月堂的某種麵包，「其中有餡。外粘附鹽酸櫻花一蔬」，吃下去，「味甘而美。齒頰流芬。」

熟悉日本麵包發展史的人一眼就知道，這個叫人齒頰留香的櫻花麵包，就是襲自包餡麵包的元祖「木村家」。木村家創立於一八六九年，現在的麵包袋上商標還寫著「PIONEER OF BAKERY IN JAPAN」，是日本老字號麵包店。西方不外烤發酵的麵糰來製成麵包，木村家卻包入紅豆餡，大受歡迎，帶領日本麵包另闢一條新路來。一八七二年木村家移駐銀座四丁目，一八七五年更在紅豆麵包中央，塞一朵鹽漬的櫻花，貌似肚臍，呈給皇室，騷動烘焙界，大家又爭相仿效。

梅月堂之外，一九一〇年以前，可查知製造麵包發售的還有臺灣鐵道飯店。鐵道飯店舊址即今台北火車站前的新光摩天大樓，一九〇八年創立，以「唯一洋式旅館」的雄姿，睥睨全台近四十年。開幕前十幾天，十月十六日的漢文臺灣日日新報指出，鐵道飯店築了一個烤麵包的「麵包釜」，「其規模甚大」，準備一天用五袋最好的麥粉，烘焙出「三百斤」〈日本的土司麵包以斤為數量單位，相當於台灣的一條〉。除了飯店自用，也可以供應市內所需。

開幕不到十天，果然就有「石黑商會」刊登廣告說，他們是鐵道飯店「特製上等」土司麵包的經銷商。這家在府前街〈今重慶南路〉、專賣洋酒洋食材料和食器的商店並宣稱，可以每天早晨配送麵包，訂「二十斤」〈即二十條之意〉以上麵包的，還可以指定麵包的形狀。

在前述鐵道飯店築了麵包釜的新聞裡，另有一句透露了一些歷史訊息。報導意思說，鐵道飯店的特級麵包上市後，那些以前「用本島人所製劣等麵包者」就獲益而有更好的選擇了。換句話說，一九〇八年前，已經有台灣人在做麵包了。

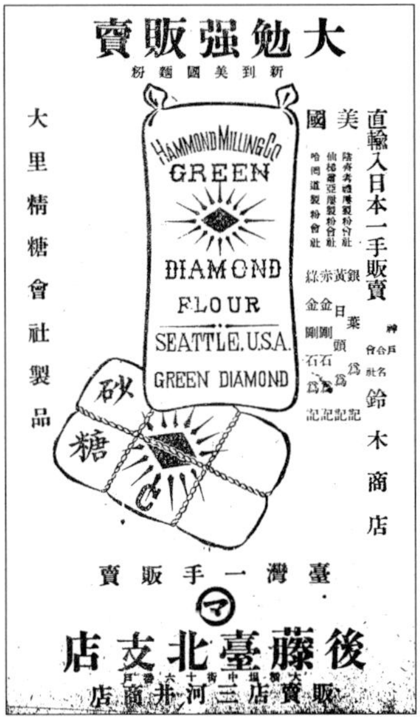

日治初期常可瞥見進口麵粉廣告，並強調來自美國。

一九一〇年以前，火車上是另一個可買到麵包的地方。一九〇七年漢文臺灣日日新報說，從台北南下的第一班火車六點半就發出，旅客必須「拂曉治旅裝。故或有未朝食者。或欲朝食而倉皇急遽者」，鐵道部打算要在火車內賣麵包和咖啡。

一九一一年九月十二日的漢文臺灣日日新報又載，台北大稻埕的鴉片商人羅昇鑾目睹新店慘遭暴風雨，貧民陷於困苦，他「慨然購取白米四袋竝麵包三十磅」賑災。這則新聞透露兩個有意思的歷史切面；麵包以英國人的重量單位「磅」來描述，另外，在那麼早的年代，新店鄉間的貧困災民也曾吃到麵包。

基督徒對麵包更不陌生了。黃武東牧師〈一九〇九年生，前長老教會總會總幹事〉於回憶錄說，兒童時曾好奇偷看大人的聖餐式，他看見宣教師把麵包切成小塊，和葡萄酒一起來分給教徒。黃武東記得與會信徒都穿戴整齊，婦女多穿白色衣裝，吃聖餐時，有人忍不住感動流淚，他當時年紀小，不解其中深意，只是心裡納悶，「為什麼吃餅還會流淚？」

菓子店在報上刊登廣告，開賣蔬菜麵包。

前新光保全董事長陳玉璞〈一九二七年生〉小時住新竹市，他說，紅豆麵包便宜，滿普遍的，也有奶油麵包。戰爭時物資吃緊，也出現過地瓜做餡的麵包。

戰前台灣出現的麵包類種已經不少，一九三二年，榮町二丁目〈今衡陽路〉的風月堂還登廣告說，從十一月二十九日開賣「野菜」〈蔬菜〉麵包。

不過，多數台灣人在日本時代應該沒吃過麵包。據訪問蔡廷棟〈一九一九年生於台南市，極東貿易行董事長〉，他在日治末期移住台北萬華龍山寺旁，此地為台灣人住區，沒有麵包店。日本人活動的「城內」〈今中正區〉才有菓子店賣麵包。那時，有錢人才吃麵包，平常百姓很少吃，而且可說幾乎沒吃過，他就沒吃過。

日本時代，賣麵包的店極少標明自己是純粹的麵包店，麵包幾乎都在「菓子店」販售，但不是所有的菓子店都會賣麵包。菓子店基本上賣日本餅，有的才兼賣水果、飲料和麵包。

一九三〇年出版的「臺南市大觀」，清楚看見臺南市著名的菓子店「紅葉軒」，牆面上有BAKERY〈麵包店〉的英文字。

從一九三六、一九三七年留下的電話簿看，各城市的菓子店都不少，十來家到三、四十家都有。但確實標示有賣麵包的，只高雄的「丸上高雄製パン所」和台南白金町〈今忠義路〉一丁目的「マルベニパン店」。另外在民間自印的台南電話簿裡，有個位在「東市場」〈今仍稱東市場〉內的菓子店廣告，上寫著除了水果飲料，也賣「パン」〈日語的「麵包」〉。一九四〇年的《臺北市商工人名錄》，指出販售「パン」的店號就多一些，有三家，其中在古亭的「東京堂」和延平北路太平町的「十字軒」是台灣人開的麵包店。

除了菓子店，在喫茶店、咖啡店也可以吃到麵包。前新光保全董事長陳玉璞〈一九二七年生〉說，日治末期，他在台北唸開南商業學校時，去過榮町〈今衡陽路〉時髦的百貨公司「菊元」，搭新奇的昇降梯到五樓的「菊元食堂」〈營業內容類似現在的咖啡店〉。那裡最便宜的就是英式土司麵包〈美式切片土司呈四角形，英式的上沿呈弧形〉一份一角半。瓷盤中放著一片土司，盤沿一角有美乃滋，盤外另附一小碟鳳梨果醬，不像現在有牛油。那時吃不起咖啡果汁，就要一杯水，把果醬放進去攪一攪，充當飲料。陳玉璞說，能在食堂聽音樂，看漂亮的女服務生，是他們中學生最喜愛的氣氛，靠的正是土司麵包的低消費換來的高享受。

「パン」這兩個片假名就是「麵包」的日文，發音像中文的「胖」。中年以上的台籍民眾對這個「胖」音一定非常親切而熟悉；台語沒有一個中文詞相當於麵包，對麵包的認知全來自日語，並直接借用。另外，台語發近似「修胖」音來指土司，一般人聽起來，常誤以為「便宜的麵包」，實則不然，它是日語土司「食パン」的發音。和「食パン」不同的是有餡的麵包，日語講成「菓子パン」〈唸成kasi-pan〉或「餡パン」〈唸成an-pan〉。

中文的「麵包」詞源何處，尚未清楚，但依朝倉治彥等人編著的《事物起源辞典》，明治初年〈明治元年即一八六八年〉，日本有使用「麵麭」或「麵包」等詞，明治末期才改用「パン」。證諸一八九八年〈明治三十一年〉五月的臺灣日日新報，確實就有日文新聞提用「麵包」兩字。

冰

每到夏天，熱得人如脫水欲枯的花，不吃冰，基本上對不起自己。然而，享受吃冰殺暑的快感時，可想過黃橙橙的芒果和紅咚咚的草莓下方，亮晶晶的冰從哪裡來的？台灣人甚麼時候開始吃冰的？

台灣人造冰應該自日本時代開始。機械造冰屬西方發明，日治前最可能吃到冰或使用冰塊的應是西方商人，然而尚未見到吃冰的相關記錄。住台北的寶順洋行英商陶德〈John Dodd〉一八八五年曾記說：「五、六兩日，熱得要命，只有白開水、烏龍茶可解渴，想死了蘇打水、蘇格蘭威士忌。」可以救命解渴的飲料，顯然還沒有冰品。

日本最早於一八六七年，一位叫「中川屋嘉兵衛」的橫濱人在報上刊登冰的廣告。此人很有趣，他曾在橫濱看見載滿冰的美國船入港，又跟外國人請教如何切割冰塊，然後他就去北海道函館切「五陵郭」的城濠結冰，竟然給他成功運回橫濱。日本在一八六八年就看得到器械製冰的廣告，但直到一八八三年〈明治十六年〉，東京築地才開始有製冰會社，「冰水屋」也紛紛多起來。那時冰水屋賣的冰塊加糖水的叫「甘露水」，加薄荷、肉桂，分別叫「薄荷水」、「肉桂水」。一八八七年，刀削的剉冰才現跡。

日本治台兩、三年後，從報載可見製冰場陸續開張。除「臺灣製冰」會社外，台南安平的怡記洋行等行號也糾集資本，投入新興的製冰業。安平靠海，這家會社據報是取海水蒸餾。

大日本製冰會社的廣告，刊登了製冰廠的相片。

上：一九一〇年代，台北著名的大塚製冰會社在店家屋頂上，裝置大大的招牌字，寫的是「冰淇淋」。
下：臺灣總督府鼓勵原住民到台北觀光，用文明事物威嚇他們，以利統治，設有原住民專用的鐵道車廂。

當年產冰的除了規規矩矩的製冰場，日治開始，台灣導入西醫系統，各種炎症發燒，都需要冰塊支持治療，臺北醫院〈今台大醫院〉用冰量一年四萬斤，覺得沒必要白白錢讓製冰場賺，一九一〇年乾脆自己弄間「製冰室」，過剩冰塊還提供同業赤十字社支部病院。

從報上看，早在一八九七年六月就有冰飲店打廣告；台北大稻埕「港邊街四番戶」〈今環河北路一段和貴德街之間〉的台北製冰會社宣稱，他們在店內設了「納涼場」，用自家造的冰，冰鎮出冰啤酒、冰彈珠汽水等等冷飲，在淡水河邊散步時，進去坐坐，稍事休息，再好不過。

十九和二十世紀之交，冰塊還是很稀奇的新東西。一九〇〇年七月，臺北師範學校的日本籍教授平井又八帶學生去中和參觀製冰場。這些青年學生見機器之精巧神奇，忍不住撫玩。那天很熱，製冰場索性送一個一百多斤的大冰塊，讓他們「任意敲食」，玩個痛快。

高山上的原住民對冰雪不陌生。但初初看見人造冰時，還是大驚失色。依漢文臺灣日日新報報導，一九〇八年底，宜蘭南澳的原住民剛「歸順」日本，隔年六月，被請到台北觀光。當這一百五十位原住

製造するシチセイ炭酸水、シチセイシトロン、レンプサイダーは今回大塚氷問屋にて臺灣全島一手販賣を引受け盛に活動を試みて居るが口當りも能く品質も内地品に比し優るとも劣る所あらず、特に價格は在來の品より大に低廉なれば盛に賣行く事ならん且つ臺灣產なれば自然需用者側の同情を惹き大に歡迎せらるべし是れも畢竟本島の產業發達上喜ぶべき現象なり

新起街市場内大塚氷店は昨年も非常に繁昌したものだが本年は一層規模を擴張しアイスクリーム製造電氣機械を据へ付けてアイスクリーム始め諸種の氷水は勿論市場の冷藏庫にて冷却したるビール、炭酸水、シトロン、サイダー及西瓜等も賣出し大に活況を呈して居るが此の店は公衆の便宜と臺北市街の繁榮に貢獻する覺悟であるから算盤の桁を外れて非常に勉強すると云ひて居るが庭内には樹木を植込みに設備も行届き一見綺麗な涼しき店なれば涼みに出掛ける客も多く昨年よりは又一層繁昌する事ならん群集する事ならん

本島一手

七星サイダー
七星シトロン
七星タンサン
氷卸小賣
冷ビール
冷サイダ

臺北大稻埕下奎府聚街
大塚氷問屋本店
電話二八三番
電話二九三番

臺北新起街市場構内
大塚氷問屋賣店
電話一三六七番

臺北新起街市場構内
大塚氷問屋第三賣場
電話四三九番

民到製冰會社參觀，深深驚訝，「故皆呆瞪」。在他們住的地方，兩、三年才見一次冰雪，或者只有在冬天的岩壁看見冰柱。他們不解，為什麼在此溽暑之時，冒著蒸汽的東西卻可以做出「凍冰」來。

一九〇〇到一九一〇年間，吃冰這件新鮮事逐漸注入台灣社會，成為常民暑夏生活中重要的消遣活動。一九〇六年六月十三日，漢文臺灣日日新報說，連日酷暑如火，一時冰的需求量非常多；不要說是「上等社會」，即便「苦力農夫」，也都以「嚙冰為快」。

從傳統的紅豆牛奶冰，到時興的芒果草莓冰，現代冰種類繁多。台灣最早出現的冰種應是「雞卵冰」。一九〇六年報紙至少有三處關於「雞卵冰」的情事。一是官員夫人和名流女眷開慈善音樂會，會場只賣煎餅，不賣解渴飲料，於是商請兩家餐廳「臺灣樓」和「玉山亭」，在其庭院賣雞卵冰等。另一報導臺北醫院本來有一個遊戲室，但設備不周到，這一年夏天就改成住院病人的「納涼處」，賣起雞卵冰。第三則報導說，那個暑夏官民都需電孔急，許多冰店需電力來做「雞蛋冰」。

一九一〇年以前，冰就像名模林志玲，報紙常常喜歡報導。像是台南「因天氣炎熱非常。各市街冰店增至五六十間。冰擔亦有四五十肩。」或者就有那麼一個日本人寫漢詩，描述初夏即景，詩曰：「陰陰樹上亂蟬鳴 化日方長促睡生 初夏卻如三伏暑 街頭處處賣冰聲」。

「冰」的日語發做「ko-o-li」，日本時代冰擔的叫賣聲就發此音。歷史上，扛冰擔賣ko-o-li最戲劇性的莫過於永豐餘集團老創辦人何皆來的賣冰聲了。何皆來即永豐餘集團何壽川的祖父，《何義傳略》說，因天生嘴唇有缺陷，家鄉台南安平人管叫他「缺嘴皆來」。一九一〇年代在安平街上，三個孝順的兒子，每次總有兩個挑擔陪他叫賣剉冰。何皆來把冰發成「goli」，音近似「擱裂」〈「再裂」之意〉；街坊鄰居常以此揶揄他的嘴唇，但何家父子都默默忍受，不予還擊。十幾年後，何家賣米賣肥料，搖身變為一方之富，當年舊事反而憑添豪族發跡的傳奇。

日本時代的剉冰是裝置刨刀在木箱上，刀面向天，另找一塊木板做成手可握的鐵釘爪子，以釘爪打上冰塊抓牢固定後，推冰滑過刨刀，冰花便落入箱內成剉冰。這種形式的剉冰到戰後還有。而手搖機械式的削冰機，戰前就有，至少由一九三三年的廣告，可知全台各地

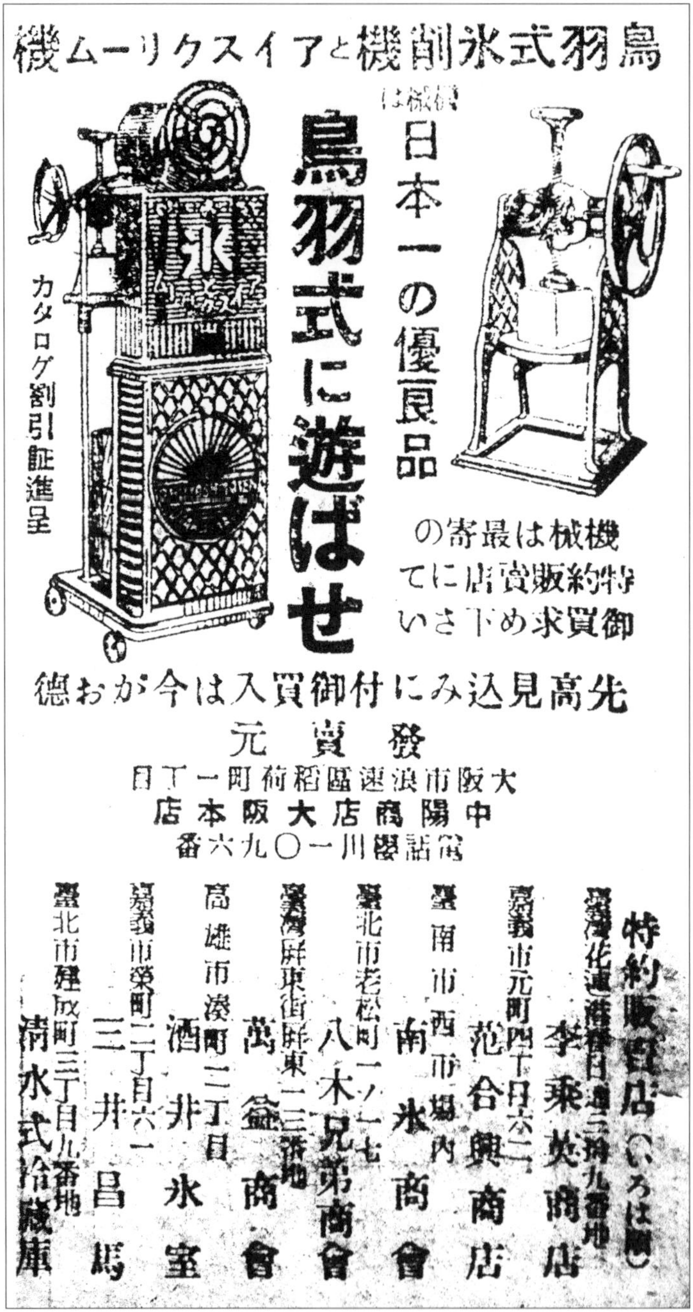
鳥羽式削氷機とアイスクリーム機
機械は
日本一の優良品
鳥羽式に遊ばせ
機械は最寄の
特約販賣店にて
御買求め下さい
カタログ割引証進呈
先高見込みに付御買入は今がお徳
發賣元
大阪市浪速區稲荷町一丁目
中陽商店大阪本店
電話櫻川一〇九六番
特約販賣店（いろは順）
臺灣花蓮港街日出町三ノ九番地 李乘炎商店
嘉義市元町四丁目六二 范合興商店
臺南市西市場内 南冰商會
臺北市老松町一ノ一七 八木兄弟商會
臺灣屏東街屏東一三番地 萬益商會
高雄市湊町三丁目 酒井氷室
嘉義市榮町二丁目六一 三井昌馬
臺北市建成町三丁目九番地 清水式冷藏庫

圖為一九三三年的報紙廣告，右為現代年輕人還不陌生的手搖式削冰機，左為冰淇淋機。

特約店均售，已有相當程度的普遍性。

日治前期的冰，全台製冰場只有五、六家，又倚賴電力才能製造，偏偏電力有限，供給不穩，冰常有供不應求的困境。不過，困境中，商人賺錢的機會反而增大。冰價常常暴起暴落，拿一九〇九年六月十九日漢文臺灣日日新報所載來看，冰的小賣價幾天之間，從一斤三錢，漲到四、五錢，「迨一昨日更昂至八錢」。或許這就是日本時代何以產生俗諺「第一好作冰，第二好作醫生」的歷史背景原因。

其實冰工廠搶生意搶得厲害，價格大跌，比攔腰對砍還慘，也時有所聞。九十五年前，台中有報導說，冰價賤到「從前所未有。於是開設冰店者。到處皆是。」競爭厲害，把戲也離奇了。有冰店找少女當服務生，「豔妝濃抹。謔浪笑訕。」紈袴子弟樂得去光顧。聽說這些傢伙出手闊綽，吃「一盞」冰，「豪費數金」。日治初期說幾金，指的是幾圓。大賣的冰每斤才賣五厘，到阿舍少爺嘴裡翻身變百倍，難怪報紙要好好報導一番。

一九〇〇年代，冰店可能跟現在的檳榔西施風味略可比擬；一九〇五年有報紙說，萬華溪口有幾個冰店，「以便飲冰納涼。月夜散步。一經其門。則鶯燕迎人」。這也讓人想起，戰後國民政府戒嚴，因為搞不清楚「冰店」和略帶色情的「冰果室」，索性要求開冰店的，都必須申請一張特種營業許可證。

3

休閒

寵物
海水浴場
動物園

寵物

右：一八九一年日本版畫呈現橫濱的西洋風情，其中具西風含義的有腳踏車、戴禮帽的西方男士、西洋女人的洋傘，以及她腳邊的洋犬。
左：一八九六年就有個叫保羅的洋行職員，登報尋找他走失在台北街頭的愛犬。

推估台灣現有寵物狗約一百八十萬隻，不管是拉不拉多、米格魯或貴賓、西施，全都是外來的狗種。更不用說柯基犬了，牠的全名叫「威爾斯柯基」，根本就是英國威爾斯的原種狗。

近代台灣何時出現第一隻西洋犬在市街漫步、招惹驚詫目光呢？

先不說台灣，日本的第一隻外國狗狗於一百五十年前，由一位荷蘭人的家僕，從長崎帶上東瀛土地。接著一八六〇年代末期，也就是明治初年，日本門戶向西方大開之際，一隻腳很長、尾巴很細、毛短耳垂的pointer獵犬，跟著牠的英國主人，踏上橫濱，開始牠的東方見聞錄。

台灣因中國簽訂天津條約而開放港口，從一八六〇年底開始，也有外國領事到台南。接著茶商紛至台北，基督教和天主教的西洋傳教師、神父接踵而來。據筆者眼力所及，還未讀到相關資料，證明他們帶著愛犬一起東來。

但是，日本統治台灣後第三年，也就是距今一百零九年前的一八

廣告

一 小洋犬 一頭

但シ白色ニシテ黒ノ班点アリ尾ハ極メテ短カク剪ラル

右行衛不明ニ付御心當ノ方ハ下名ヘ御通知被下度相當ノ謝儀可致候也

公素洋行内
ポール、シャーペルト

九七年九月初，一個在洋行工作、名叫「保羅」的洋人，在報紙上連登三天一則稀奇罕見的尋狗啟事。說是要找「小洋犬一頭」。大概保羅的狗不怎麼像所謂的西洋狗，廣告說了一個「但是」；「但是，白色狗狗有黑點，尾巴還被剪得很短」。當然，就像現在心急如焚的主人一樣，絕不會虧待幫忙找回愛犬的善心人士，保羅也在廣告之末表明會致贈謝禮。

登載這則尋找愛犬廣告的臺灣新報，是日治第一份現代化報紙，一八九六年六月才創刊。即使保羅的白狗不算是台灣第一洋犬，保羅應該還是台灣第一個刊登尋狗啟事的狗主人。

百年前，台灣不僅不是沒有小狗蹤影，而且是滿佈市街，很容易讓外國人感受到牠們的存在。把台灣烏龍茶輸出國際的重要英籍茶商陶德〈John Dodd〉曾幽默說，台灣的狗本來對洋人極不友善，會咆哮追咬洋人，但一八八四到八五年，法國軍隊佔領基隆那段期間，被法軍一寵，幼犬已經會搖尾巴，「跟隨陌生人東晃西晃」了。

其實台灣土狗不僅對洋人懷抱疑懼，日本的第一任台灣總督樺山資紀六月初從基隆上岸履任，七月有一天，自己單獨在西門外散步，就被一群黑色台灣土狗包圍狂吠。樺山一氣，隔天命令部下大舉掃蕩野狗。這下台灣土狗惹到的可不是手無寸鐵的英國茶商紳士，而是揮著武士刀的日本軍人，旋即慘遭斬首報復。

接下去幾年，日本基於衛生考慮，防制狂犬等傳染疾病，非常努力撲殺野狗。養狗既要抽稅，營救野狗還要罰錢。臺北廳並公布法令，要求家犬要繫鑑札，否則一律視為流浪野狗，撲殺勿論。

但是，野狗和家犬只以掛在脖子上的「鑑札」〈執照、許可證〉來區別，誤殺事件頻傳。一九〇七年，有個傢伙就勇於為愛犬爭取正義。漢文臺灣日日新報指出，有位住台北大稻埕日新街〈今延平北路和涼州街口東南一側〉的酒商，名叫葉瑞。他有一隻狗，領了第五百十七號鑑札。家住日新街西市的葉家狗，一朝跑到南市閒逛，遇見也逛到南市的捕狗大隊的日本人高野，報紙說，高野「乍見該犬。即從而銃殺之」。報紙沒說葉瑞傷心悲憤，抑或頗有法律概念，反正他就告官了。他跟法院主張，狗以六十錢買入，之後每天花飼料費十五錢，養了十六個月，共花七十二圓，所以請求高野應賠償他七十二圓六十錢。

狗綁著鑑札，仍被撲殺的何只葉家狗一樁，報紙說，但要求賠償的「殆百無一二焉。葉瑞可謂飼犬人人中之錚錚者矣。」

從葉瑞的新聞來看，上個世紀初，似乎不少台灣人會花錢養狗，然而還不到現在養寵物犬的地步；既不關在家裡，也不拉鐵鍊散步。

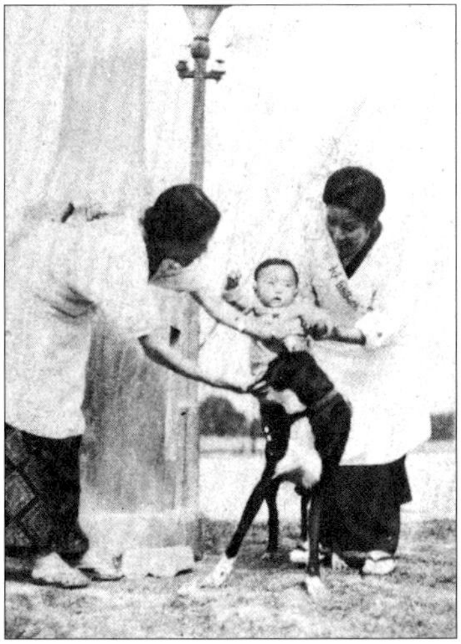

舊雜誌的相片中，日本婦女帶著幼兒出外，寵物狗也跟在一旁。

到一九一〇年代，台灣對遛狗還很陌生。那時有份雜誌「台灣愛國婦人」，常登載各類國際趣聞。一九一五年〈大正四年〉有一段文章，把賣狗店說成「倫敦最奇者」。那時住台灣的人想必瞪著大右：一九二八年的報紙漫畫諷刺所謂的摩登女郎，牽著狗，其實是藉回頭看狗時，可以瞄見男士。
左：台北有錢煤商的私邸庭園裡，名叫「查理」的洋狗乖乖趴著，脖子上繫的金屬鍊子橫過小主人張超英的腿上，十足的受寵模樣。

眼，從字裡行間來咀嚼極其奇怪的倫敦風情；「紳士淑女偶一散步。無不率犬而行。每以金環箝其首。區區一犬。雖四五百金至千金，亦所不靳。」靳是古文「吝嗇」之意；倫敦人對狗那般大方，教台灣人很是驚奇。

一九一〇年代的台灣社會，倒已不乏養西洋犬的人。一九一四年，也有個叫「菅沼」的日本人登廣告找走丟的狗，說他的狗有「白黑斑」，屬「フォックステリア種」。這種狗就是英文的Fox terrier，台灣叫「雪納瑞」的英國犬。而抱著狗、寵若兒女的愛狗人，也已經大有人在。葉榮鐘〈一九〇〇年生，報人、政治運動家〉十四歲那年，在家鄉鹿港受僱於日本西醫片岡當小藥劑生。片岡太太高頭大馬、圓臉有酒窩。葉榮鐘猜她大概沒有生育，「所以養一條捲毛的黑狗，一天到晚抱起抱倒」。

在西方世界，一九二〇年代開始的兩任美國總統哈定和柯立芝，都曾公開抱著愛犬，大展笑容。一九二〇、三〇年代的廣告，常常可見時尚摩登女郎頭戴鐘形帽，和狗兒一起演出。一九二八年，臺灣日日新報有漫畫反諷所謂的摩登女郎，說「聽說牽小狗的摩登女郎假裝

回頭望狗兒，其實意在看男士」。

戰前台灣是否有養寵物狗的流行，並不明顯。但從報紙漫畫上看，前輩畫家陳敬輝曾畫一位牽著洋狗的老師，罵學生為什麼不能安靜點。一九三六年的雜誌「台灣婦人界」也有台北火車站前表町〈今館前路一帶〉的店刊登廣告，販售養狗用具。一九三七年，台灣婦人界上則載有台北三和銀行職員山中佐太郎的女兒和她的狗合照，形容她是「愛犬家」。

針對養寵物狗，戰前就有「狗是奢侈的家庭動物」的說法，倒是富家，不虞吃穿，追上國際潮流風尚，養隻外國狗的，仍是大有人在。戰前中山北路宮前町的煤商張聰明家裡，就有一隻外國臉孔的狗，據稱是他兒子從莫斯科帶回來的，他們還給牠一個洋名「Charlie」〈查理〉。從一九四〇年左右拍攝的舊照上看，查理依偎在坐著的小主人腿邊，頷下的鐵鍊隨意橫過小主人的小腿，顯得自然而愉快，就跟當今萬家愛犬所受的待遇一般。

台灣第一位醫學博士杜聰明在日本時代擔任高等官員，待遇優渥，他家也養狗，取名「吉姆」。和張家愛犬一樣，都取洋名。

當年，「エス」〈唸音同S〉似乎頗流行的狗名。在一九三六年台北靜修女中的刊物裡，有兩篇女學生作文談家裡愛犬，兩隻備受寵愛的狗都叫「エス」。戰後日本還有很長時間，像台灣的「小白」、「來福」，「エス」是日本狗界的「菜市仔名」，漫畫裡常有叫「エス」的狗狗。

從靜修兩位日籍女學生的作文也可以看出，戰前沒有狗食，一般家犬常吃味噌湯泡飯，非常日本風。當然，也吃生肉、豬肉汁和家裡前晚剩下的菜。

海水浴場

快七十年前，台北有個小學五年級的學生林明欽，他的一篇作文「海水浴」被登在學校創校十周年紀念文集裡。

七月的大熱天，由老師帶隊，夜宿基隆八斗子。林明欽說，第二天四點他睜開眼就無法再睡，在蚊帳裡讀圖畫書。早晨沙灘上的朝會開完，然後打躲避球，玩尋寶遊戲。所謂的「寶」用紙做的，林明欽因此說他找到「二枚」。怕弄濕，他特別用布巾包在脖子上。後來玩得忘記，跳進海裡，才發現弄濕了。等大家拿尋到的寶跟日本老師「平野」換牛奶糖時，教他很是遺憾。午後愛睏，林明欽枕著救生圈，橫躺在沙灘上睡著了，直到有人猛然拉走救生圈，才驚醒過來。他把網子放在頭上，想繼續睡，同學卻當他是網到的魚，大叫：「抓到大魚囉！」害他無法再睡。

這篇作文被老師評為生動如在眼前，也像是一支望遠鏡，透過小小的圓孔，似乎可以看見戰前和現代小學生生活很不同的一幕；那時，去海水浴場遠足是日本時代典型的學校活動之一。

台灣自一八九五年被割給日本，海水浴場並不像西式學校、西

基隆クルベー濱海水浴場　基隆海水浴場はクルベー濱といひ、明治十七年クルベー中將の上陸地である。港内波靜かな遠淺の處で而も基隆市内とて夏期は非常な繁昌を見る、近來特に浴場行自動車あるので一段の便利を見てゐる。(昭和六年四月十四日基隆要塞地帶模第三〇號許可濟)

(昭利六年四月十四日基隆要塞地帶模第三〇號許可濟)

淡水海水浴場　西に觀音山を眺め東に大屯山を望む淡水海水浴場は遠淺で砂濱で屈指の浴場である。臺北からの浴客頗る多い。設備も整つて居るが外海なので時に波浪に妨げられる憂がある。

高雄海水浴場　高雄市の奇米壽山の麓を通つて外海に面した處に西仔灣海水浴場がある。遠淺で水清く山を負ふて氣持のよい浴場だが、只外海丈に時に大波怒濤のあるので一般に餘り振はぬ様である。

到一九三〇年代，台灣海水浴場繁盛，各地總共有四十多處。

服、牛肉這類基本生活事物，一開始就隨日本登陸台灣；從報紙報導推測，約一九〇七到一九〇九年間，才有一陣陣海水浴場傳入的密集腳步聲。在此之前近二十年，日本已跟西方學會這項活動。

在西方，先是一七九六年英國人發明了海水浴場，開始提供人和海洋交遊的新平台。隨之整個十九世紀，海水浴場逐漸在歐陸風行。去那裡既可休閒娛樂，更重要的，當時醫學觀念開始強調海水浴有助保健，所以，像肺癆病人會到山上別墅養病一樣，海水浴場也吸引一些脆弱的身影。日本移植這種保健觀念，醫界的權威人士、陸軍軍醫總監「松本順」都說了話，表示為了保有健康，海水浴有其必要。「海湯治」這種標榜海浴療效的專有名詞跟著尾隨而至。

日本自一八六八年明治天皇取代德川幕府後，全面西化，西方的生活方式潮湧舶來。一八七八年左右，西式游泳的方法傳入日本，又過七年，一八八五年，日本也有了最早的海水浴場，就設在東京南邊的神奈川縣大磯海岸。

但很諷刺的是，不久之後開張的神奈川縣鵠沼海濱，海水浴場開

北部最有名的海水浴場「クルベー濱」，夏日總是吸引大批人潮。

幕當天，就有人未蒙海浴之利，反而一浸海水即心臟痲痺，一命嗚呼。

台灣逐漸開發海水浴場的過程，舊報紙透露許多訊息。早在一九〇七年八月二十日，漢文臺灣日日新報有一篇「淡水海浴」的旅遊指引。記者實地去「一浴于淡水之海水浴場」，他先搭火車到淡水，下車後步行不遠，有車〈應是人力車〉有轎有舢舨，可轉駁到海水浴場。浴場那裡，有兩間休憩所，分別名為「淡水園」及「和樂軒」，要躺要坐，悉聽尊便。要吃冰茶餐點，「皆拍手可至」。

隔年六月十六日再次報導了「淡水浴場」。這一次，兩店之一的「淡水園」，在記者筆下已變成「不知今猶存焉否耶」。碩果僅存的和樂園則是淡水稅關的俱樂部「五十會」創立，需要關員介紹，才可進入。

又隔一年，一九〇九年六月一日，台南安平的海水浴場也落成了，官民兩百多人參加。這個浴場由臺南懇話會主導。日本時代台南最有名的酒樓「寶美樓」，也去軋了一角，在安平浴場建築過「三、四棟茶室」。

淡水和安平兩個海水浴場，最早似乎都由具官方色彩的俱樂部組織開設，而設施也很簡單，只有休憩飲食之所，沒有遊樂設施。海浴時的安全問題，好像還處在浴客自我管理的階段。

基隆的「クルベー濱」曾是日治時期北部地區最負盛名的海水浴場，但在一九〇九年之初，連脫掉衣服放置的地方都沒有。雖然傳說基隆廳〈基隆市政府〉已準備開一大海水浴場，但要開路，又要建房子，一時還無法資應。倒是有些官員先湊些錢，「築一小屋。約十八坪。」裡頭放棋盤之類的休閒器物，先供廳內自己人使用了。一般民眾要借用，通常也沒有問題。

高雄的「打狗浴場」也是一九〇九年開始設立，八月二十日開幕，最早倡議者也是日籍官員。鐵道部姓「原」的事務官和姓「朝倉」的技師曾經去那裡泡海水浴，回來就思考闢成公眾可用的海水浴場。開張當時，實際上規模還很小，只知有座「四垂亭」充做休憩所而已。

一九一〇年以前，台灣南北幾個主要海水浴場已經開設，但尚處於草創，風氣尚未完全打開，可利用者也多被限制，不是一般民眾花

從一九二八年報紙描繪的海水浴場景象，約略可知到海水浴場所能提供的休閒活動。

新竹南寮的海水浴場有小木屋、兒童遊樂設施，頗像渡假村。圖中三角形條狀的遮陽帳篷常出現在一九三〇年代的海水浴場照片。

錢就可去的休閒場所。

一九一一年，報紙還在「國民須知」的專欄介紹海水浴場這種新興玩意兒，把去海水浴場的好處說得活靈活現。說是除了海水含鹽，對身體有益之外，海邊還有一種氣，叫「阿馬茸」，「與肺以不少利益」。裡頭還特別叮嚀，去做海水浴，「不可往深處。往遼地亦不宜。」要就一定在海水浴場，才沒有危險之虞。

依可見的資料，台灣人最早接觸海水浴場的也在一九一〇年前，地點卻在日本。一九〇九年八月三日報載，台北著名官紳洪以南〈曾任淡水區長〉的兒子洪長庚正在京都府立中學校當留學生，學業漸入佳境。那年他才十六歲，暑假期間，「已赴海水浴場。學習泳法。鍛鍊身體云。」洪長庚後來在東京帝大拿到醫學博士學位。

一九二〇年代「海水浴」就變成很熱門的活動了，火車也趕進來湊熱鬧。拿一九二〇年來說，鐵道部登廣告表示，七月十一日起到九月底，星期天從台北搭火車去淡水海水浴場，特價五十錢，到淡水後還有聯絡船可達浴場。

到一九三〇年代，海水浴場繁盛，據井出季和太的《臺灣治績志》，一九三四年底，「海濱多設公共游泳池及海水浴場」，達四十六處。這時候的海水浴場的內涵已經很豐富，娛樂性不輸現在。各地的海水浴場不是有溜滑梯〈如基隆クルベ－濱〉、盪秋千〈如新竹的崎頂〉，就是有兒童游泳池〈如高雄的壽海水浴場〉。

杜聰明〈一八九三年生，台灣第一位醫學博士〉於《回憶錄》說，在日本時代，他常星期日去基隆クルベ－濱海水浴場游泳，「當時基隆市人口尚不多，クルベ－濱雖在港內，海水清潔夏天每日是人山人海，很多人往游泳之」。

新竹三大海水浴場之一的「南寮ヶ濱」，依一九三七年版的「新竹州要覽」刊載的設備內容，海水浴場更是如現今渡假村的翻版。南寮海水浴場有兩處一般休憩館，各五十、八十疊榻榻米大小。另有十四棟「特別休憩室」的小木屋、一棟「貴賓館」。木麻黃林間，還有臨海學校。利用新竹的天然瓦斯的「公共潮湯」是全台創舉。在這裡，有付費廁所，也可以租借帳棚。著名的兒童遊樂設施有旋轉飛行塔、小汽車、小型電影院。一公里外，還可以去頭前溪河口釣魚。

下：新竹南寮的海水浴場內有小孩玩的小汽車。

左：基隆有號稱東洋第一的私人海水浴場「快樂園」，有船可租，也辦會席料理。另有旋轉木馬，當時廣告特別強調使用電氣，坐五分鐘要花十錢。

拿私人開辦的基隆「快樂園」海水浴場來看，更知道當時的海浴盛況。一九三四年的雜誌「臺灣婦人界」有一則快樂園廣告，可見園內主體的兩層樓休憩建築根本像台北衡陽路一整排商店一樣龐大，有近二十家店面那麼寬。可以租船，還有稀奇的電動旋轉木馬。食飲方面則有冰的麒麟啤酒、西打、親子丼、雞肉飯和快樂園的幕內便當。日本時代就已流行的旅遊紀念戳章，園內也提供基隆車站的紀念章，讓遊客有更高的滿足感。當天還可夜宿園內旅館，但住一晚均一價要兩圓五十錢，非常昂貴，不是一個月領個二十圓的普通上班族可以恣意揮霍。

一九二七年台北有家「盛進商行」涼夏特賣廣告，遮陽的麥桿帽子賣一圓半，海水浴帽賣六十五錢，海浴毛巾卻要八圓，比浴帽貴十

東洋一を誇る私設 基隆快樂園海水浴場

座布團・お茶・煙草盆付
席料（一日中）
階下參拾錢（軍人 中學生迄 半額）
階上五拾錢

◇常園は座布團代・お茶代・煙草盆代等をひとつ／＼別々に頂きませんので煩はしくなく非常に便利であります 其上潮湯・眞水湯・ラヂウム溫泉等何回にても入浴無料です。

貸ボート 一時間三十錢 釣船新造船あり （快樂園ボート部）

◈本年は料理も特別勉强致します。内地より新たに料理人を招聘しお魚もイケスのものをお好みにより調理致します。

會席〔御飯附〕 一圓より
冷キリンビール 五十五錢
冷サイダー 二十五錢
親子丼 三十五錢
チキンライス 三十五錢
快樂園幕内辨當 五十錢

▣驛のスタンプは當園にても押捺します。

旅館の設備及貸間もあります
一泊に付（二食附）貳圓五拾錢均一 ◇茶代廢止◇

お子樣達の喜ぶ!!
電氣應用 メリーゴーラウンド

電話 五六〇〇 六六〇〇番 快樂園海水浴場

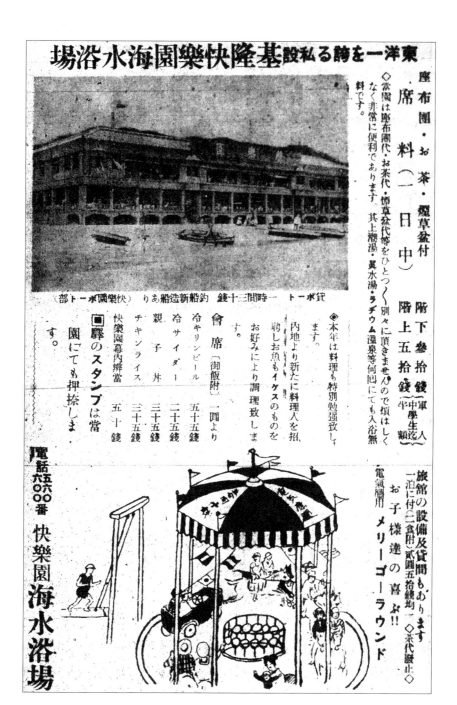

二倍。當年去海水浴場，浴巾是最貴的配備，現在看來有點匪夷所思。

戰後台灣青年學生跟海洋非常隔閡生疏，不諳水性之普遍，不像一個環海國家；從戰前人的角度，想必也覺得匪夷所思。當年許多中小學固定開赴海邊，在海邊紮營、拔河、學習海泳技巧。一九二八年，基隆第一、第二公學校更曾把小學生帶到大沙灣海水浴場做「臨海教授」，之後測驗，四十幾位兒童從社寮游到燈塔，來回全程三千米，結果有二十九名合格。看到這種成績，現代人除了咋舌，或許也應想想，如何把台灣人跟海洋的親近感找回來。

動物園

近代最早的動物園出現在奧地利維也納，也就是仙普倫動物園。一七六五年開放給市民以前，仙普倫是神聖羅馬帝國法蘭西斯一世取悅皇后瑪利亞・泰瑞莎的玩物。小獅子、駱駝、大象等一堆動物圍繞在餐桌周圍，每天陪她共進早餐。如此十三年後，繼位的約瑟夫二世體認振興科學的重要性，才開始對外開放。

近代動物園和十四世紀歐洲人開始航海探險有關。探險家目睹世界的珍異鳥獸，開啟動物學的發展。不過科學當時是特權階級的專屬品，到十九世紀初，王侯豪族都還是為了個人的研究興趣和娛樂目的私設動物園。一八二八年開設的倫敦動物園才另啟一個不同的概念，強調為了市民所需和推廣動物學而設。園裡有藏書和研究設施，蒐羅的動物連螞蟻都有，可說是現代動物園的第一代模型。

台灣的動物園發展遠落在這股西方潮流之末，但從今天的眼光看，卻也滿早的。一九一四年四月五日，一位日本人在台北圓山經營的動植物園開園，隔年，臺北廳〈台北市政府〉收買來擴大經營，一九一六年四月二十日再次舉行開園式，從此躍升為台北人潮湧至的旅遊勝地，直到日治末期。

右：一郎君曾是圓山動物園最受寵愛的紅毛猩猩。
左：台北市動物園開張不久，便引進澳洲的火食鳥，一天要吃六斤米穀和蔬菜。

假如林旺曾經長久是木柵動物園的招牌，日本統治時代的圓山動物園則以紅毛猩猩「一郎君」最討大家喜愛。一郎君來自印尼婆羅洲，是一隻一九二五年出生的年輕小伙子。「臺灣婦人界」月刊曾登載牠七歲的照片，並說到動物園的遊客總是等待牠出現，非送牠麵包和香蕉不可。

另一位明星叫「瑪小姐」，一九二四年進駐圓山動物園，成為史上第一隻大象。日本時代，動物慰靈祭是動物園年度重頭戲，在每年十一月祭拜為提昇人類文化生活而犧牲的動物。這時候，瑪小姐便以她超大「份量」的尊貴之姿，榮登主祭的動物代表。

一九二六年版的《臺北市案內》指出，台北和東京、京都、大阪、京城〈今南韓首爾〉的動物園同為日本五大動物園。

除了台北，日治時代，新竹也有動物園。一九三六年，新竹市役所〈市政府〉在新竹公園內設一兒童遊園地，門口成雙成對的獅像和大象頭，是舊時新竹兒童的共同回憶，裡頭就有動物園。陳玉璞〈一九二七年生，前新光保全董事長〉受訪指出，新竹動物園就在公園水

日本時代新竹公園內闢建動物園，入口的建築留存至今，還是新竹市動物園的醒目標誌。

池邊，規模遠小過台北動物園，只有猴子、水鴨等小動物。他記憶中在新竹唸小學時，「沒有動物園，就沒有遠足」，遠足的回憶就是吃便當，拿食物餵猴子。

日本時代許多現代事物到了末期，就不堪戰爭折磨，產生變貌，動物園也一樣。一九四四年底，台灣各地屢遭轟炸，動物園也擔心炸壞柵欄，大型動物跑出去傷人，開始電殛黑熊，最後也槍斃獅子，動物園陷入萎縮的窘境。

回首台灣人的動物園經驗，事實上，在圓山動物園之前，不少台灣人已在東京上野動物園瞪大眼睛，見識過現代動物園形形色色的珍禽異獸，並在台灣看過類似馬戲團的流動動物園。

馬戲團從歐美傳來後，一八八〇年代在上海、橫濱、東京流行一時。一八九五年台灣割日，初期台灣也開始出現這種移動式的動物園，其中又以「矢野動物園」最為轟動。

據一九一〇年十一月九日漢文臺灣日日新報報導，矢野動物園跨一九三一年出版書籍中出現的圓山動物園園內各景，有駱駝、斑馬、獅子等動物。

海來台前，到台灣演出的流動動物園，規模「狹小」，且「缺緊要種類」，矢野則大不相同；不僅有七十幾種動物，比六年後臺北廳官營的圓山動物園開幕時的七十種還多，裡頭稀奇動物還有非洲大獅子、印度虎、鱷魚、駱駝、袋鼠、孔雀、白猿、鸚鵡等等。

矢野動物園搭乘笠戶丸來台，航海途中遭遇強風，比預定晚一天開演，並有三隻毛栗鼠不堪旅程而死亡。十一月十五日終於借用了新起街市場〈今西門町西門市場〉內的相撲所，順利在台北市開演。每天早上九點開張，到晚上十點才打烊，營業時間非常長。入場的觀覽費不貴，在一般人可以負擔的範圍。一般人收入場費二十錢，十歲以下兒童對折，只收十錢。三十人以上的團體，每名更只收八錢。同那一年，幫人擔扁擔的苦力和抬轎轎夫，一天工資都是四、五十錢。可見看動物園表演還不算高不可攀的奢華休閒。何況，動物表演在那時並非天天等著人去看，機會難得。

或許因此之故，和台北隔一條河的板橋公學校，有高大山、呂傳灶、俞石獅、林石金等六名學生藉來台北買筆墨之便，順道參觀了矢野動物園。

動物園　臺北市郊外圓山にある動物園の入口である。此動物園は市營で督府の補助を得て經營されてゐるが、飼養動物は主として外國產のものが多い。

動物園　駱駝　臺北市圓山動物園の双峯駱駝である原產地亞弗利加で哺乳類偶蹄目に屬する、砂漠地の使役獸として有名な丈實物が人目を曳く、敎材として頗る好適のものである。

動物園の獅子　臺北圓山動物園の獅子が檻の中で日向ぼつこしてゐる、檻の影が縞目に映じて奇形を呈してゐるのも面白い、元來熱帶產なので臺北でも冬季になると多少防寒裝置の必要がある。

動物園の斑馬　圖は臺北圓山動物園內の斑馬である亞弗利加の原產で姿美しく性質溫順なので觀覽者から非常に可愛がられてゐる,

動物園の象　臺北圓山動物園第一の呼びものお愛嬌の象である。當年六歲の可愛盛り印度種である。

花鹿　圖は臺灣特產の花鹿である、世界的珍種で一千米一三千五百米までの深山森林中に棲息するが極めて少ない、蕃人は狩つて肉を食ひ皮を着る三四月頃の角は袋角といひ漢藥にする。强壯劑として高價なものである。

一百多年前，許多台灣商人士紳已在東京上野動物園見識了珍禽猛獸。

台灣人在這樣的移動式動物園初識奇禽異獸，大開眼界。像獅子就是其中讓人嘖嘖不思議者。據報載，「獅子全身被毛。黃茶褐色。本島人有疑其與石獅不同。」那時候，台灣人對獅子的概念停留在廟前石獅的模樣，毛茸茸的獅子反教他們懷疑是不是真正的獅子。報紙還得解釋，獅子「累世相沿」，就是長那付模樣。另外，獅子和熊等動物，被馴得乖乖的，能聽人命令，鸚鵡能說日本話，也教觀眾驚奇不已。

在台北開演的矢野動物園，因「博得好評。往觀者絡繹不絕」，延了幾天才離北，開赴新竹。十二月就在新竹演出，一月續往嘉義。據報導說，嘉義「市村人民多以為目所未觀。急于一覽云。」接著二月，參加臺南共進會〈類似商展、博覽會〉，在門口左側空地演出，為共進會增添娛樂趣味。

至於東京的上野動物園，日治之初，因總督府鼓勵台籍官紳前往「內地」〈日本本土〉觀光，上野集博物館、美術館及動物園於一身，屬東京旅行景點首選，所以不少台灣人最早的動物園初經驗發生在上野。

台北富商李春生一八九六年出版《東遊六十四日隨筆》，記錄他受總督邀請遊訪東京的見聞。關於動物園，對台灣人來說是全新的概念，所以，李春生從ABC開始談起。他說，動物園就像庭園，「廣可數里、環山抱水、景物宜人」。然後在園內「建造牢籠」，把那些凶猛難馴的野獸和「毒而難玩」的生物關進去，這就是動物園了。

據李春生描述，上野的生物院的動物，除了日本本土自有種以外，也「購自歐洲」，雖然沒有獅子老虎，但還是有一大堆他從沒見過的飛禽走獸。其中有一種鶴，當時東京的巨室豪門無人不養，稱為「神鶴」。李春生看過神鶴之後，「恍然疑為夢境」。

那個時代，動物園裡發生的趣事，都沾了點神奇色彩，報紙非常喜歡大幅報導。一九〇八年初，正值猴年，報紙就洋洋灑灑說了臺灣猿在上野動物園如何「成材」的故事給家鄉父老聽。話說上野動物園前年新建好猴舍，先放了兩公三母共五隻日本猿進去，沒多久又放進臺灣猿，雌雄各一。在這小小的猴國，臺灣公猿成為首領，大家都聽命於牠，而牠「亦能恤其部下。不使之互相反噬。鋤強扶弱。宛然有良將軍善撫麾下之風。」後來園方又送進一隻老猿，臺灣猿便率領部下和新客廝殺。臺灣猿身為領導人，知道非出馬不可，乃「自樹徐徐而下」，與老猿戰到「流血淋漓」，迫使園方把老猿遷到他處，報導最後評臺灣猿「足以傳日本武士道之典型」。如此結論，除了讓現代人噴飯，也可以嗅知當時人們對野生動物多麼陌生與好奇，彷彿欣賞武俠人物一般。

動物園創始人

是「片山」，不是「大江」

談到台北動物園歷史，一定追溯到一九一四年，說是有個日本人經營，隔年官方再收為公營。這位台灣最早動物園的創始者何許人，最早一九三二年田中一二編寫的《臺北市史》，指出此人姓「大江」，名字不詳。此後反覆被援引，乃至現在台北市立動物園自己仍以「大江」為歷史源頭。

但日本時代的臺灣日日新報有不同的記載。一九一四年四月二日，也就是開園前三天，該報指出，臺北始終以沒有動物園為憾，此上：一九四一年的動物園寫真集顯示，圓山動物園大門重建，有更接近現代的感覺。
下：戰前每年十一月圓山動物園有所謂的「動物祭」，祭拜感謝已逝動物的貢獻。

番因「片山竹五郎」努力，已跨出第一步。又說「片山氏」從日本引進虎、豹、鴕鳥、袋鼠等十幾種動物，放在圓山這個半野生的環境，堪稱全國第一。

當時報紙對動物園開放之初的報導可謂詳細，如開園後近八日後羅列各種動物，知道有義大利的孔雀、澳洲的袋鼠和駝鳥，錫蘭的火喰鳥和印度蛇等，還特別介紹引進會學舌的鸚鵡，既會學狗叫，還會叫「歐多桑」和「歐卡桑」，也就是叫日語的「爸爸」和「媽媽」，非常有趣討喜。

又如同年七月十六日報導，六月底一場暴風雨後，池水漲滿，動物園的鱷魚就這麼不見行蹤了。這事可不得了，大家遍尋不著。有一夜，圓山前一家賣仙貝店的人，摸黑上廁所，感覺到樹下有怪物在吐氣，提燈一照，原來正是失蹤的鱷魚。動物園獲報後，趕緊拿大毛氈去把牠押回。

當時報紙能報導如此細節，報紙指出台北動物園最早由片山竹五郎創辦的可信度，似應遠高過大江。

4

運動

撞球

籃球

撞球

日本時代，台灣撞球界並不是沒有像現在楊清順這樣響叮噹的高手。一九三〇年不到，台灣就曾冒出那麼一位；最大報紙刊登他高舉球桿，穿著淡顏色西裝，專注表演拉桿的照片，還讚嘆他是「天才撞球家」。他叫林春生，一個二十歲的嘉義人。

據林春生告訴記者，他十四歲公學校畢業，第一次握著球桿，興味油生，就想靠撞球吃飯，跟著日本選手坂本學了一年。一九二四年，被另一位撞球專家河邊看中，帶去東京學了五年。

在東京時，林春生廢寢忘食，一天只睡四、五個鐘頭，果然皇天不負苦心人，他很快晉級，成為日本一流的高等十二級選手。一九二八年，林春生風風光光回台灣家鄉訪問。

報導中最令人驚奇的片段是林春生曾預報，隔年他將被派到美國，停留一個月。

戰前，台灣人難得能出國。能到日本留學旅遊的不少，但多大地主豪富家族和他們的子弟。去過美國的，只能用鳳毛麟角來形容了。

圖為明治時代的版畫，描述撞球傳入日本的情景。四周圍著洋人和清國人，球檯上只有紅白兩色球。

去留學的又比去觀光旅遊的多些，但現在能點數出來的，前者用兩隻手，後者用一隻手，就夠數盡了。七十七年前，一個台灣年輕人曾經因打撞球而得以橫渡重洋到美國，著實讓人想叫一聲「哇」。

撞球經由日本傳入台灣，而日本又從橫濱的外國人旅館開始認識了這項源自貴族的室內球戲。「撞球」一詞即沿用自日文，和現在中國稱「台球」不同。一九一〇年代，已見台灣的雜誌使用「撞球」這個詞，更早以前的明治時期則稱之「玉突」。現在一般日本人並不熟悉「撞球」，反倒還用「玉突」和外來語「ビリヤード」〈billiard〉來指稱撞球。

在西方，打撞球曾經長期是貴族的象徵；一五七六年蘇格蘭瑪麗女王被關大牢時，還抱怨撞球檯被挪走，害她沒得玩。西洋人把撞球引入日本，日本再傳到台灣，日治後期，台灣便街坊隨處可見撞球場了。

日本統治台灣之初，報紙上零星可見撞球的活動報導。先是日治第二年十月，就見臺灣新報說，過兩天星期日，要在一家叫「衛生軒」的西洋料理餐廳舉辦「第二回玉突大會」。既是第二回，更早之前就有撞球比賽。

接著一八九八年九月，又見臺灣日日新報載，二十三日西門街二丁目〈今臺北市中山堂附近〉有家撞球場「遊玉亭」開幕了，裡頭放了兩臺美國型撞球檯。隔年七月也有報導，淡水俱樂部舉辦了圍棋和撞球的比賽。

到一九〇一年，沒兩年光景，撞球就已大流行過一回了。依臺灣日日新報報導，臺北單單一個大稻埕，盛時就有「二十餘處」玉突場，熱鬧到不行，「每夜熱到魚更三躍」，艋舺亦然。但到報導當時，熱度稍退，一半以上撞球場關門大吉了。

一九一〇年以前，撞球儼然成為重要的休閒活動。像臺南監獄打算設一個俱樂部，「以為監獄職員。不時消遣娛樂之處」，裡面擺放的，除了棋盤和新聞雜誌，就是撞球。新竹廳也想在官方宿舍弄個俱樂部，有射弓和報紙雜誌，撞球檯一樣是其中重點。

但撞球的貴族性仍然兼具。從鐵道旅館和總督官邸內都闢玉突室

總督官邸〈今總統府前台北賓館〉內設有撞球室，供社交娛樂之用。

就知一斑。

鐵道旅館是台灣第一個西式豪華旅館，一九〇八年總督府鐵道部主導興建，意在展示台灣文明進步，旅館內部各細節都極盡追上西方最新式設備，像浴室就裝了當時絕無僅有的洋式浴缸，還有蓮蓬頭，可供沖澡。

這樣走在時髦尖端的鐵道旅館，設計一間面積快二十三坪的撞球室，還設了一個「玉突係」，也就是中文的「撞球股」來管理經營。象牙製的玉突球在檯上滾動和碰撞的脆響，恰可與此建築一身文藝復興式典雅的衣裳，互相哄抬文明開化的身段。

撞球也一直是上流階級社交的工具之一，西方的豪宅或名邸裡都會有撞球室，餐後賓主可移駕，邊玩球戲邊聊天，和果嶺上打小白球社交同一道理。以總督官邸〈今總統府前的臺北賓館〉為例，一九〇一年落成當時就闢有撞球室。總督官邸既為總督住所，其實也設計有接待賓客的機能。日本時代歷次來台的皇族成員，像現今天皇的叔叔高松宮等人，都被安排下榻總督官邸，而不住外頭的旅館。這樣的豪撞球是日治台灣非常普遍的娛樂，教育會館、警察會館、公會堂〈由上而下〉的娛樂室都設撞球檯。

邸當然不可缺少撞球室。

一九〇三年十一月三日明治天皇生日當晚，總督府第二號人物、民政長官後藤新平在總督官邸大開宴會，洋人、日本人和台灣紳商齊集四百人，婦女兩百五十人。臺灣日日新報說，當晚，燕尾服和西洋禮服、軍服「聯袂徘徊」，有人留在庭園散步，一半人進客廳，「集球戲室。歡笑之聲隨處如湧」。所謂「球戲室」，就是一樓打撞球的地方。

不知是否因早期俱樂部可打撞球，日本時代台灣絕大多數的撞球場都叫某某俱樂部。葉榮鐘〈一九〇〇年生，作家、報人〉少年時就在家鄉鹿港一家叫「新盛俱樂部」的撞球場當計點小弟。他在「我的青少年生活」文中說，「顧客大都是州廳的高級官吏和殷實的商人」，所以撞球場「氣派相當高級」。

葉榮鐘另提到，一九一五年他在撞球場工作時，「那時候的撞球場都是日人經營的」。從一九二八年到一九四一年臺北、基隆、新竹、彰化、臺南、高雄各城市的工商名錄來看，日本人經營撞球場確實早過台灣人，昭和時期〈一九二六年〉以前，台灣人開撞球場者非常少。但

一九三一年登在「三六九小報」的撞球場廣告。當時撞球場店名多稱「俱樂部」。

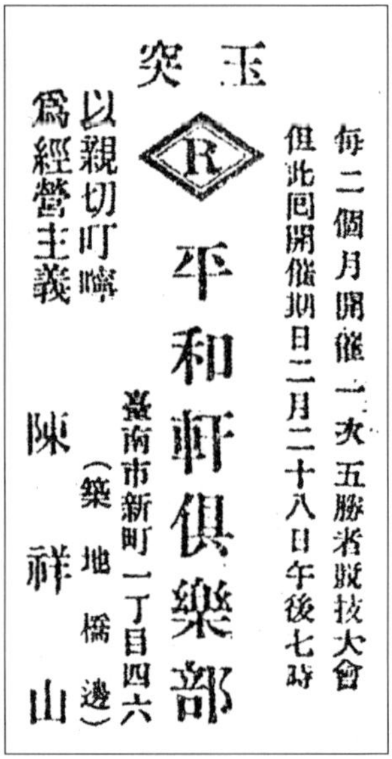

台灣老闆愈來愈多，到一九四〇年就遠超過日本人了。這些撞球場十之八九叫俱樂部，有的寫漢字「俱樂部」，有的就用日文片假名「クラブ」〈唸做ku-la-bu〉。

晚個二十年，葉榮鐘就找不到計分小弟的工作了。隨著撞球場普遍化和平民化，一些娛樂氣氛滲入，撞球場老闆開始找女性來計分，而且，必須模樣漂亮。

日本時代流行的撞球運動在戰後初期仍盛，一九五三年中央日報介紹省運動會的「新項目」撞球指出，「也許，從大陸來的人，不會對它有太多興趣，即使有愛好這個遊戲的，他一定是來自大陸上有閒階級的人物，可是在臺灣，卻是平民化的娛樂，每個小村鎮裏，都有撞球場或撞球俱樂部的設立」。

一九六〇年，也就是民國四十年代末期，中央日報的副刊「今世說」一小欄寫道：「撞球場生意興隆，小鄉鎮裡可能沒有一家書店，卻少不了有兩三家撞球場」，並說場內陽盛陰衰，計分小姐往往成為調笑的對象，「最近就有個小姐因不堪輕薄而自殺」。

這則專欄似乎已預示撞球活動將變質轉入長長的黑暗期。那時報紙標題不斷出現「撞球場昨發生凶殺案一起」、「撞球場鬥毆」、「撞球場前不良少年尋仇」，終於，一九六四年教育部受不了了，下令禁止學生涉足撞球場。

風水輪流轉，風水轉了三、四十年後，現在撞球終究又回到台灣運動的主流。不過，撞球如箭射出，既和舊時那個上流社交的角色脫離，大概不會再「破鏡重圓」了。

一九二五年台南的南瀛俱樂部撞球場舉辦比賽，會場照例懸掛萬國旗。

籃球

「台灣甚麼時候開始打籃球?」答案是一九二二年，非常晚。

事實上，籃球誕生也晚，本是球界新生，比足球、網球和高爾夫球都晚，一八九一年才面世。

那一年，加拿大人詹姆士．奈史密斯博士到美國麻州基督教青年會〈YMCA〉的培訓學院任教。當時現代運動勃興，橄欖球粗野，常有鬥毆情事，足球和棒球又限戶外，冬天幾乎要停擺，所以希望找出沒這些缺點的新運動。奈史密斯奉命在十四天內要想出一項室內活動，好讓東岸新英格蘭年輕人能活動筋骨，把寒冬拋諸腦後。

奈史密斯博士靈機一動，想起童年玩的遊戲「Duck-on-a-Rock」，瞄準岩石上的標的物，用小石頭打下來；他改用足球瞄準裝桃子的籃子，就孵生了當今最熱門的籃球運動。當時上下半場各十五分鐘，中場休息五分鐘。籃子離地十英呎〈約三百零五公分〉，投中得一分以後，還得爬梯子把球拿出來。一九〇三年今天的籃網形式才告確立。

籃球運動即循著基督教青年會的腳蹤，向外面的世界擴散，從美國走入東方。日本和中國的籃運都可溯源至YMCA。但籃球登台，走的不是中國管道，而是「日本線」。

籃球發明十七年後，日本有位叫大森兵藏的人從美國籃球發源的YMCA培訓學院畢業，於一九〇八年把籃球傳回東京。但真正開始普及還是在大正時期以後。關西的京都、大阪、神戶地區，即於大正三年〈一九一四年〉由北美YMCA派遣赴日的布朗〈Franklin H. Brown〉指導，才開始打籃球。

依據一九三三年版《臺灣運動史》，台灣跟日本京阪神地區一樣，第一顆籃球也由布朗抱來。一九二二年，臺灣體育協會請四十歲的布朗來，原意要他教田徑，但布朗球技也好，便找了二十幾位鐵道部職員和各校學生到新公園，布朗教大家打排球和籃球，意外輸進兩種新球類運動到台灣。換言之，在台灣，排球和籃球兩球同源，初期兩個更像難兄難弟，都由同一批人一起努力把兩類球技推廣出去。

新球類運動開始發展，畢竟不像下一場雨，全台灣均霑雨露；布朗匆匆一遭，只留下一枚種子。但只要種子埋入土，就有萌芽的生機。

戰前籃球不及網球流行，但不少中學校園已有籃球架的蹤影。上為淡水中學，下為北一女。

一九二四年，臺北第一高等女學校〈北一女前身〉立起室內籃球架，顯然女子打籃球不會晚過男子太多。隔年校內設「籠球部」〈日本時代，日語稱籃球為「籠球」〉，有兩百多位部員，頗為蓬勃。這一年，也增設了戶外籃球架，但沒有固定球場，球架為可移動式。據《臺北第一高等女學校創立二十五周年記念》指出，當時臺北沒有好的球架可參考，設計起來有點困難；同學對球也很陌生，常傷到指頭。

大概就是現在說的「吃蘿蔔乾」吧！不論如何，籃運還在匍匐前進，這一點非常確定。

台灣籃球發展史上較關鍵的一回也與一女中有關，一九二七年一月二十四日起連續五天，在北一女召開一個大大的排球和籃球的講習會，全台灣各地臺灣體協和教育會的會員都來，這兩種球類才一舉普及。

北一女籃球玩得早，有日本時代最強的女籃校隊。一九二八年，第一次有校際比賽時，對上二高女〈非現在的中山女高，中山前身為三高女〉，場邊一堆人鼓掌，熱鬧非凡。最後北一女得二十七分，狠殺對手，逼使北二女抱個大鴨蛋回家。

一九三二年第三回全島大會〈全台大賽〉，又把靜修女中修理得落荒而逃，上半場只打十四分鐘就棄權，得分只比二高女好一點點，拿一分；北一女則如秋風掃落葉，拿下三十八分。但一九三六年《靜修學報》的「籠球部」記事中，可知靜修以一分之差險勝北一女，報了一箭之仇。

右：北一女發展籃球運動甚早，室內也設籃球場。

左上：北一女籃球隊選手綁頭巾，穿著長褲，代表參加第一回「籠球大會」。

左下：臺中二中的籃球隊選手穿著背心、短褲，腰間竟然還繫皮帶。

在日本時代，籃球全然是學生的球類運動，台北大稻埕人周耀銓〈一九一六年生，曾任台灣省水利局簡任工程師〉指出，他唸的小學「日新公學校」就有籃球場，和附近的太平公學校還有校際比賽。

從現存書籍資料看，籃球也在中學以上校園內與校際之間發展。臺南師範、臺北一高、淡水中學、臺北一師、臺北二師、臺北商校、基隆中學等校有打籃賽。唯一的大學「臺北帝大」〈台大前身〉也未缺席。女校部分，臺北一女、二女、三高女、新竹女中、臺中女中、彰化女中都曾經參與籃球賽。

在找得到的少數學校空間配置圖中，籃球場自然遠少過網球場，但還是有臺北工業學校、臺北一師、二師和北一女等校設「籠球競技場」。

關於籃球運動的各種設備，留下的文字敘述不多，只能從舊照片推敲。現在的球架，都以不鏽鋼管支撐，以前則是木架；少了那一鋼鐵大圓筒穩定球架，看起來單薄許多。早期籃網模樣頗特別，像聖誕老公公嘴邊垂的白鬚，比現在長了不少。從舊照看，打籃球穿甚麼，沒有固定或標準球衣。臺中二中穿白短褲，還繫皮帶；北一女籃球隊

日本時代中學生運動時常綁著頭巾。圖內背景建築是現在的台灣師範大學的禮堂，臺師大於戰前為臺北高等學校所在地。

也留下綁頭巾的合照過。

一直到一九四〇年，台灣和島外的籃球隊才交手過招。這一年十月，台灣首度組成籃球代表隊，到日本比賽。到了日本，台灣隊才第一次見識到Man to Man〈緊迫盯人〉的打法，吃了大虧。

比賽場地設在著名的明治神宮室內游泳池上，架出三個球場。室內光線不好，打起球來有陰影。依現在的眼光，頗匪夷所思，但也可知道戰前日本不算重視籃球運動，籃運不算發達。就好像台灣要派籃球代表隊，最好的兩位選手坪田和鳩野，因為同時各是排球和劍道選手，選擇捨下籃球，意味籃球的重要性排序次於較排球等運動。但台灣代表隊還是組起來，精神飽滿出發了。打過兩關，進入第三回戰，當時的評價認為已屬難得。

隊員後來分析，第三回戰遇見長崎隊，長崎得到四十六分，臺灣隊最後以三分飲恨，主因有個姓「原」的傢伙，一人就獨得二十三分。當時日本各地各校幾乎全採緊迫盯人打法，只有台灣、滿洲國和立教大學，還在打Zone〈區域〉打法。假設台灣隊也懂緊迫盯人的打臺中二中籃球隊隊員球衣號碼形式跟現在很不一樣。

法，盯死「原」，戰果必然不同。

這場球賽的台灣代表隊沒有台籍球員，全是日本人，但歷來台籍學生打籃球的也不少。以一九二八年台灣最初的「第一回籠球競技大會」為例，男子隊有五隊，結果北二師優勝，《臺灣體育史》載下十位隊員的名字，「陳江湧、簡五朝、簡關章、劉德彰、陳清諒……」，全是台灣人。另像台籍學生多的淡水中學，戰前也打籃球。

日治時期，各校有籠球部，籃賽繁多，但整體說來，仍遠不比不上軟網之普遍和棒球之受歡迎。戰後風水輪流轉，初始還有窘態，得借用新公園的網球場，但籃球場大過網球場，畫線還需灑石灰到場外草地上。到一九五一年，國防部於總統府前廣場，現在的介壽公園上建一座可容五千多人的三軍球場之後，籃球有官方加持，便開始昂首闊步了。

5 交通

腳踏車

計程車

腳踏車

六十四年前一個傍晚，彰化名醫，也是寫小說的新文學家賴和被請到警察署。等了半天，他們說上級的州政府「有事要問你、目下其人不暇來、要你在此等三五日、或者更久也不一定」。賴和一時天昏地暗，不知該說甚麼，他在「獄中日記」說，就「只求其打電話到家裡、叫人來牽自轉車回去」。

自轉車是日語的腳踏車。日本時代台灣人只知其物叫「自轉車」，「腳踏車」或「自行車」等詞彙都在戰後才傳入。

突然被叫到警局，並被扣留，驚恐之餘，第一個念頭牽掛的卻是腳踏車，要家人來牽回去，用現代人的頭腦想，不免有幾分奇怪。或許這正是腳踏車古今價值不同所在。

腳踏車發明問世的歷史可說是一個「組裝」的過程。一七九〇年，法國人Comte Mede de Sivrac造出最早的腳踏車，但僅只是像木頭滑板車一樣的怪東西。三年後，他給新發明加上把手，但無法左右自由轉動。一八一六年，德國人Baron von Drais給腳踏車加上兩個輪子，人可以坐在兩輪中間。但是，這時還缺踏板。說是「騎」腳踏

早期的產婆常宣傳她們會騎「自轉車」赴診。

車，不如說「划」腳踏車來得準確。一八三九年，蘇格蘭的Kirkpatrick Macmillan才發明踏板，人們終於可以雙腳離地駕馭腳踏車。

一八八〇年代以前，不斷有英、德、美、法和蘇格蘭等發明家給腳踏車安裝不同的內涵。一八八〇年代，輪胎從木頭、金屬變到了硬橡膠，腳踏車有了鍊條，也有了充氣輪胎。

台灣社會在一八九五年有了很大的轉變，統治者由清廷換到日本。在此前三年，日本第一家自轉車工廠「宮田製銃所」才呈獻給皇太子〈後來的大正天皇〉國產腳踏車。日本在治台初期，皇太子也才剛擁有自轉車，可見自轉車尚屬新鮮玩意。日治前，還不知道是否有台灣人或在台西方人引進腳踏車，但日治以後，就開始有零星的訊息，可供窺探腳踏車初來台灣的情形。

一八九八年出任總督府民政長官的後藤新平，從小就對西洋文明充滿強烈的憧後藤新平早晨會和太太一起騎腳踏車，當做每天的日課。

憬，曾留學德國。北岡伸一寫後藤傳記指出，他在台灣任官時，台灣的腳踏車不過兩、三部而已。後藤喜好新事物的個性，除了放在喜歡女人上，每天早晨也和太太以騎時髦的腳踏車為日課。但後藤有所不知，騎單車這事跟女人的風流事一樣，都讓他太太和子很困擾。後藤太太和子曾經大白天練騎摔了車，很是難堪尷尬，後來不得不改在夜裡練習。

後藤在台灣任官八年，一九〇六年才離開，究竟他和太太哪一年開始學騎腳踏車，所謂「當時只有兩、三部自轉車」指的又是何時，並不清楚。但一九〇〇年，卻是明確的一年，許多關於自轉車的新聞和廣告紛紛出現了。

三月三十一日的臺灣日日新報有一則自轉車徵稅的報導指出，在「內地」〈指日本國內〉，自轉車是「贅澤物」〈奢侈品〉，大阪地方每年就徵收二圓五十錢的自轉車稅。台北愈來愈人追著買自轉車，理應收個三圓的稅。最後話鋒一轉，「但是，臺北市內現在只有四部自轉車。」

兩個月後，一九〇〇年六月八日，報紙又說，內地城市運送電報時，都利用自轉車。臺北也想效法，所以先讓送電報的「電信遞送人」

上：一九一九年的臺銀南投出張所前，有特製的木架，供腳踏車停放，顯示當時腳踏車還沒有後輪支腳。
下：腳踏車是日治時期生活上最主要的交通工具，商店前總會擺上一部。

右：一九〇一年的廣告，專賣眼鏡的店兼賣腳踏車，並指車來自「米國紐育」〈美國紐約〉。
左：日本時代著名的腳踏車牌子「富士自轉車」，以時髦女郎悠遊於郊外的圖片做廣告。

練習騎腳踏車一個多禮拜，五月下旬備了三部腳踏車，就開始試辦。實地試驗結果，原本徒步到「測候所」〈氣象台〉等地需花上四十分鐘，改騎自轉車後，快則十七、八分鐘，慢也只需二十多分鐘。

雖然一九〇〇年臺北街頭的自轉車屈指可數，人口也僅僅六、七萬，但車禍還是發生了。十月五日報載，一個叫宮本宇吉的日本技工，前一晚回家走到石坊街〈今衡陽路〉旁，突然有一位留著長辮子的黃惠臣，他是廈門瑞起洋行的雇員，騎著自轉車，疾風似的快速撞上宮本。宮本火大，把黃惠臣壓倒在地，扭送有關單位。黃惠臣以不小心為由，日後會引以為戒，此事就這樣了了。

一九〇〇年，自轉車廣告開始明顯出籠。東京日本橋區的「四七商店」刊登一個有腳踏車圖樣的廣告。臺北北門街〈今博愛路〉的鐘錶店「樫村支店」也賣起美國紐約的自轉車，強調和美國公司特約，賣得比日本國內便宜一成半。

廣告出現，似乎意味自轉車即將流行。很快不過四年，瀏覽一九〇四年的報紙，就知道自轉車確實已經非常流行。報上廣告顯示，流行之初，台灣並非馬上有自轉車專門店，而是先由幾家有名的鐘錶店

兼售腳踏車；「山內時計」、「樫村支店」和「和泉時計」除了賣鐘錶、照相機、眼鏡，又紛紛投入自轉車市場，日本和美國的車款都有。廣告喜歡強調，前一、兩年獲得全日本選手競走比賽冠軍的小宮山、砂田、江口等某某某，騎的就是他們廠牌的自轉車，以吸引顧客。這一年四月，體育俱樂部舉辦振武大會，比賽項目有馬術、弓術、柔術、暗夜劍等多種，報紙便說，現正流行的自轉車比賽吸引最多人潮參觀。

很快，一九〇五年，台灣史上第一個腳踏車被偷的台灣苦主出現了，他是台南市名醫顏振聲。前台灣省衛生處處長、第一任衛生署署腳踏車店在日本時代屬於大店，圖為一九三〇年台南一家腳踏車專門店，招牌不小。

長顏春輝是顏振聲的兒子。話說一〇一年前九月有一天，顏振聲騎腳踏車往鄭姓人家出診，暫把車停在門外。進門後，「主人迎坐呼茶。問先生駕車來否。」顏振聲說有，鄭家主人很禮貌，馬上叫童僕出去牽車進來。驚人的是，僕人也馬上回報「自轉車已自轉去了」。大家跑出去問路人，知道已遭日本人偷走，人也杳如黃鶴。報上說，在日本，腳

一九一〇年代，自行車大賽就很流行，吸引大批民眾圍觀。

踏車被偷，稀鬆平常，但在臺灣，「諒以此為嚆矢」。

腳踏車融入台灣社會也激發出種種社會版的新聞，當時可能不甚有趣，現代人看了卻會不禁哈哈笑。像臺灣日日新報一九一四年曾報導，台北有個叫呂耳的技工，午後騎了一部「較普通高約二尺」，而且手腳都放開，還「時時賣弄伎倆」。他老兄很得意，大玩馬戲團的技藝，路上行人卻心驚膽戰。最後被有關單位下令不得再變造車體，必須恢復原形。

當時，有人騎得這麼得意，有人卻被禁止學騎腳踏車。一九一一年生於台南市的賴莊玉燕〈前大同工學院校長賴雅修的夫人〉受訪表示，她十幾歲時想騎腳踏車，但家裡「卡守」〈比較保守〉，跨騎的動作太男孩子氣，不是好家庭少女應有的儀態，父母親不准她學。她只好晚上到附近毛線店，借他們的腳踏車偷偷學。

騎腳踏車也像現在一樣，娛樂休閒的性質不下於交通功能，珍貴得必須常常擦拭，像今天洗車一樣。許多假日「遠乘會」把愛好者兜在一塊享受乘騎之樂。拿一九一〇年的一次春天遠乘會來說，節目設

左：台北榮町〈今衡陽路〉商店街騎樓下，家家有腳踏車。
下：一大堆人騎腳踏車到臺南公園觀看棒球大賽。

計如下：五月一日早上七點半在鐵道大飯店〈今新光摩天大樓〉集合↓八點出發↓圓山的明治橋稍息↓到北投車站前停車喫茶↓淡水俱樂部午餐、遊戲↓四點賦歸。一天下來，要繳會費一圓，算得上奢侈休閒活動。

依學者研究，一九二〇年以前，台灣罕見腳踏車，每七百人「才」一部。但若回頭比二十年前全臺北「才」四部腳踏車，又顯得很多。一九三〇年代，腳踏車則激增到三戶一輛的地步，成為日常生活最主要的交通工具。

一九四〇年以後，台灣逐步進入消耗型戰爭，物資缺乏，金銀銅鐵，看得見的都被徵走。宜蘭名醫陳五福曾回憶說，那時候輪胎不比一般，是橡膠水管裡面塞入木頭。腳踏車在日本統治時期的發展，最後就這樣被迫不再前進，而以倒退走回十九世紀的木頭年代，唏噓謝幕。

計程車

一九二九年元旦，台灣人第一個政黨「臺灣民眾黨」領袖蔣渭水來到今天中山北路、錦州街口附近的「宮前町」，拜訪張家大少爺。張秀哲因抗日坐牢，剛被釋放，他們三句不離如何反抗殖民政府。

蔣渭水提到總督府又想開放鴉片，張秀哲馬上生出妙計，說是可利用臺北郵便總局下班前五分鐘去拍電報給國際聯盟，那時候局長早下班了，底下人沒政治意識，很容易闖關成功。張秀哲的計策果然奏效，國際聯盟派遣代表團來調查，給總督府難堪的一擊。

蔣渭水醫師一生短短四十年，三十歲以前的歲月，自稱過著無意義的生活，生命最後十年才關注政治社會運動。回顧他的故事，非著墨「密電國聯廢阿片」不可。而在這個知名的台灣近代歷史場景，其實是有一部計程車把蔣渭水載進舞台的。張秀哲於一九四七年出版的《『勿忘台灣』落花夢》回憶，蔣渭水「那天坐了一部黃色出租汽車到宮前町的寒舍來看我」。〈按，原書把蔣的到訪時間誤做一九二七年元旦〉

張秀哲筆下的「出租汽車」就是現在的計程車，日文叫汽車為「自動車」，所以日治時代稱計程車為「貸自動車」。貸自動車再分「タ

以前的計程車多黑色，有長長的引擎室，老一輩人稱之「黑頭仔車」。

クシー」和「ハイヤー」兩種。這兩個發音近似「踏庫西」和「海依鴨」的日本字，對中年以上的台灣人應該不陌生。「タクシー」就是英文的「taxi」，特別指在街頭穿梭、等待乘客招手的計程車。「ハイヤー」則指打電話叫來的計程車。不過，戰前台灣對兩者區隔不清，常用「タクシー」來代表整個「貸自動車」。

一九三四年一項官商交通座談會上，臺北州自動車營業組合〈營業車公會〉的常務理事「鳥居秀雄」指出，在台北市跑來跑去的計程車有八十五部，電話叫車的有一百四十部。以現在眼光看，計程車實在非常非常少。依鳥居所指，顯然那個年代要搭計程車，叫車的方式較普遍。流動的計程車數量少，也不像現在隨地隨時，只要招起手來，就有計程車跑到腳邊。所謂的流動式計程車，其實常常在人潮多的定點出現，像臺北火車站就是。鳥居秀雄另指出，在臺北市，流動式計程車生意最好的區域是「從西門市場到榮町附近」。大約就是現在西門町，越過中華路，到衡陽路、博愛路一帶。

當時不像現在，自己買一部車就可以開張營業。一九三〇年代，日本已國產汽車，價格尚且要一、兩千圓。買美國進口的福特、雪佛蘭、克萊斯勒等名牌車，都要三、四千圓，一般薪水階級月給才二、三十圓，根本難有所謂個人車的計程車。所以，計程車幾乎屬車行所有。

一九三五年十月，台灣博覽會舉辦當時，是日本時代台灣計程車數的巔峰，以計程車業最盛的台北市來說，共有五十三家車行。車子最多的「三木タクシー」有二十四輛車，其次是「第一」和「富士」，擁有的計程車都在十部以上。僅僅兩、三部車的小車行也不少。

每個車行的車都不那麼多，遇到台灣首富板橋林家這種大戶，一家車行根本應付不來。林家的林衡道〈一九一五年生，台灣民俗學者，曾任台灣省文獻會主委〉回憶他裹小腳的祖母喜歡全家搭出租汽車陪同出遊，車隊浩浩蕩蕩，好像日本諸侯出巡的行列。他的祖母是「巴自動車株式會社」的最大客戶。每回到龍山寺和保安宮拜拜，或九九重陽到公館水源地登高，「該株式會社的車不夠用，還要請同業支援。」

依一九三二年的統計，全台灣私家車有三百七十七輛，日本人車

高松豐次郎對台灣近代文明發展影響頗大，既引進電影，大開電影院，也是最早做租賃車業的人。

主比台灣人車主多一倍以上。但把車拿來做計程車生意的，台灣老闆反比日本老闆多。這也是日本時代計程車業特別的地方。

一九三二年創刊的汽車雜誌「臺灣自動車界」曾有「臺灣自動車發達史」一文指出，最早把汽車拿來貸租營業的是台北當時的電影院大亨高松豐次郎，他於一九一四年〈大正三年〉從日本進口美國福特和AMF等三個車廠的五部車，做起巴士和出租汽車生意。但另有早期車行職員佐藤冬吉追憶，高松豐次郎最早進口的只有兩部福特汽車，而且時間是一九一二年十二月。總督府官方資料則與後者相同。不論事實何者，可確定的是，台灣不僅日治時代就有計程車，最早歷史甚至可推到一九一〇年代前期。

一九一〇年代前期的出租汽車並非到處鑽到處跑找客人，而是設了六條路線，各有定價，最遠可到北投。但也有兩條很「怪異」的路線，一條是南門到總督府，另一條從東門外到總督府，都差不多等於今天從總統府到國民黨中央黨部，走起路來，三、五分鐘的距離而已。會設這麼短的出租汽車路線，有點像馬戲團供遊客騎大象，恐怕給一般人嚐嚐汽車這個新玩意兒的觀光成份居多。從定價也可看出端

台南タクシー

南835

右：台南一家租賃車公司的車隊。日治時代，車幾乎都為黑色，但下圖中間一部明顯有類似白色的車身。
左：館野弘六經營日式旅館「竹の家」，大正年間也開始介入租賃車業，日本時代著名的「巴」自動車株式會社就由館野創辦。

倪；從東門外到總督府只需少少的六錢，比起從台北市上草山〈今陽明山〉溫泉，單程就要二十圓，相差三百多倍。

高松豐次郎的公司「同志社」稍後也開了一部汽車到嘉義，看起來有點像趕新春的市集，因為期僅短短一個禮拜而已。一九一四年最後一天，車到嘉義，隔天元旦開始營業。當時報紙說，車子在嘉義火車站到公園之間行駛，載人兜風遊覽，每趟去返大約三十分鐘。

台灣的計程車業雖然早在九十幾年前起步，但初期幾年，呈現牛步成長。除了最早的高松豐次郎無法持續經營外，到一九一八年，全台灣才十九輛汽車，而且全部集中在臺北州。換句話說，當年台北以外的地方，平常看不到半部汽車的蹤跡，那就更不用說坐甚麼計程車了，難怪日治時代的汽車雜誌為那幾年的發展史下標題為「暗黑受難記」。

到一九二六年昭和時期開始，計程車業才穩定繁盛起來。車資下降是原因之一，例如去陽明山，一九三〇年已從最早的二十圓降到八圓，一九三三年更降到四圓。雖然價格降低，但四圓大約是普通受薪階級的五分之一月薪，所謂降價，也只是從國王價位降到貴族價位而已。

一個叫「新高」的車行，一口氣買進十五部雪佛蘭汽車加入營運陣容。

從計程車業者協定的最低收費標準內容看，也可瞥見計程車逐漸滲入生活的腳步。一九三三年訂了「婚禮」和「葬式」的收費標準，一九三〇年的協定裡卻還沒出現。結婚新人從台北市區租計程車去臺灣神社，跟上陽明山一樣，要價四圓，非常昂貴。日本時代，台北人有任何值得紀念的慶祝，常要去臺灣神社〈今圓山飯店〉參拜一下，結婚也不例外；在神社拍一張結婚紀念的家族照往往是上流人的儀式之一。

蔣渭水在一九二九年就會搭上黃色計程車，多少反映他的經濟能力。醫生是日治時期收入數一數二的專門職業。黃色倒不是日本時代台灣計程車的專門色。黑色車最普遍，白色也有。據台南市文獻會委員黃天橫說，他有位親戚經營計程車，曾買六、七部白色車當「新娘車」，在臺南州大受歡迎。

6

家電

電風扇
冰箱

電風扇

台南市水仙宮〈靠近今西門圓環〉前有家點心店，店內只有一間房擺了電扇。有一群台南安平港人來看迎王，到了這家店吃東西。另一邊，南勢街有個姓郭的也進來消費。說時遲，那時快，兩邊人搶電扇吵起來，叫罵難了事，最後便打了起來。安平人這邊有二、三十個，本來仗著勢眾，沒想到姓郭的很快喚來的幫手也不少，最後把兩個安平人打得掛綵。派出所警察跑來「彈壓」，兩邊各抓了一人去問罪。

這是一九一一年八月發生在台南的社會新聞，民國都還沒開張的年代。那麼早以前，台灣人已經有電風扇，而且，會為搶電風扇而大打出手了。

依一九一〇年七月報紙所示，全台灣的電扇有一千六百座。而隔年五月的統計，台北最熱鬧的市中心區和大稻埕、艋舺，就佔掉一千五百二十四座，可見要在台南看到電扇，雖還不難於上青天，但鐵定是稀奇得不得了。搶吹電風扇，嚐它一個人造風的滋味，誘人的魅力大概跟現在聲稱信義區豪宅開放參觀差不多。

台灣在一八九五年日本統治以後，才有電扇。日本之有電扇，又由西方傳入。世界最早的電風扇產自美國。一個叫舒樂的美國人在一八八〇年把葉片裝上電動機，近代意義的電扇誕生，之前五十年用發條的、用彈簧的、用齒輪的種種風扇發明都只好低頭息影走進歷史。

人稱現代的日本是家電王國，但十九世紀末家電開始發展時，日本不過是努力模仿歐美的新生。日本之有電扇也不例外。直到一八九五年，芝浦製作所〈後來的東芝〉才開始生產日本電扇。

台灣一開始用的是歐美進口電扇或日本國產電扇，目前並不完全清楚，但是，電扇要能動，成為有用的家庭用品，前提必須先配「電」到府，否則再堆個一百台電扇在家裡，也颳不起半片風。

劉銘傳開啟台灣近代化事業，點亮第一盞電燈，靠的是小型發電機。日本人來，初期也靠英國製的發電機，照亮高官出沒的機關和官邸。直到一九〇五年，七月，總督府官辦的龜山發電所完工，台灣的民生送電才開始，電扇也才普遍起來。最明顯的是隔年報紙開始介紹這個新奇玩意兒。一百年後讀這些「新知介紹」，有幾分像聽三歲幼兒揚起下巴，煞有介事說著螞蟻跑得很快或河裡有魚的重大發現，讓人

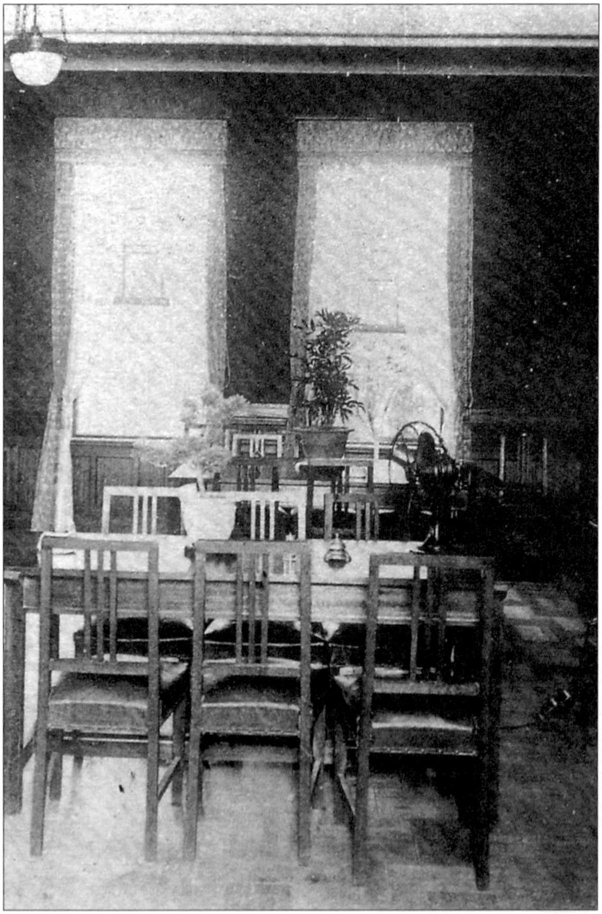

上：漫畫裡看得更清楚，古早電風扇的外罩跟現在不同，自有風味。
下：注意觀察這張一九三〇年代的有趣影像，教育會館的餐廳裡，電風扇被置於桌上，煞是貴重，不像當代的電扇，小媳婦一般被放在腳邊或屋角。

不免哈哈大笑。

一九〇六年五月二十一日的漢文臺灣日日新報就從電扇的定義開始講起；「夫所謂電扇者。係以附鳥羽之風車形。藉電力之鼓盪。急速旋轉。而自然生風之機械也。」然後說電風扇讓人隨時隨地都可以換得新鮮空氣，彷彿置身涼秋。又說台灣處亞熱帶，電扇實在是有

「實益的文明之利器」，一日不可或缺。愈說愈神，最後提到蚊蠅帶來病毒細菌，最令人討厭；使用電扇，不僅可以吹走餐桌上的蒼蠅，蚊子朝臉上飛來，也可以「拂之而去」。介紹到這裡，還不算誇張，下一句就神勇了。如果蚊子從側面衝過來，電風扇可以「捲而殺之」。一隻不得留。」難道一百年前的蚊子就組成神風特攻隊，會衝進電扇風葉，企圖自殺？

雖然宣稱能夠捲殺蚊子，百年前台灣出現的電扇結構並非三頭六臂。大分有兩種，可固定於天花板的，大小有十二吋和十六吋兩種。不固定者只有五十四吋一種，非常之大。和現在的電扇概念恰巧相反，現今鑲在天花板的吊扇往往大過立在地面的普通電扇。

電扇在從前人眼裡，是新奇，但也潛伏危險。中年以上的台灣人應該殘有印象，小時都會被警告不能玩電扇，手指伸進去會被捲傷云云。當電扇百年前初來台灣時也一樣，買電扇會隨附一張使用須知，裡頭講了好幾個危險。依一九〇六年五月四日漢文臺灣日日新報所載，電扇旋轉時，「觸及手足。必極危險。務須時時謹慎。勿稍接觸。」擦拭時，絕不可以用任何「溫布」。電線接頭部分，要用黑色布

纏起來，黑布若脫落，會有「感電之恐」。買下電扇，像是一樁極其嚴肅的選擇，心理上需要嚴陣以待。跟讀萬華儒紳洪以南〈一八七一年生〉「銷夏」詩的單純愉快大不相同；一九一〇年，洪以南發出台灣人最早對電扇的讚嘆，「文明微巧奪天工。避暑何須綠樹中。冰枕斜欹藤榻上。一團電扇冷秋風。」

不過台灣實在太熱，電扇不啻一座神器，所以買者頗為踴躍。最早在台灣買電扇，不是去電氣行或百貨公司，買回來插插頭就好，需向台電前身、一個叫「臺北電氣作業所」的總督府下轄單位申購。當時電扇屬獨門生意，所需機械材料都由電氣作業所向國外訂購，再開放民眾申設。一九〇六年夏天開始申請之初，只供給兩百個，下一年增加三百個，結果供不應求。電氣作業所不讓大家吹個涼快，原因是電力不足，電燈、工廠都需電氣。一九一〇年以前，偶爾就有電力缺乏的情事，被迫必須謝絕申裝電燈和電扇。

是否能不受限於電力公司而享受電扇涼風？商人幫存這種念頭的民眾想到辦法了，所以，一九〇八年八月二十八日臺灣日日新報跑出一則用電池啟動電扇的廣告。強調皇室東宮御所都買了這個新家電，右：台南最大的百貨公司「林」，一、二樓的天花板都裝了電扇。
下：一九〇八年出現電池電扇廣告，宣稱日本皇室也購置，而且可用三百小時。

並標上電扇價格三十圓。

當時裝設一座台灣電氣所的電扇，也差不多三十圓上下，非普通人家負擔得起。同時候日本本國的情形也差不多，據報載，「除東京

戰前電風扇屬奢侈品，在公家機關和豪宅較常看見。右圖由上而下分別是專賣局、臺中楊子培宅的餐廳、保險公司老闆林熊光的待客室。

大阪及二三都會外」，沒聽過有用電扇的，而用電扇的，都是眾人眼中「豪奢之紳士」。日本栃木縣就曾針對電風扇徵過富裕稅。

史家連雅堂曾聊到貧富不同的盛夏生活，電扇就是一項兩者分歧的指標。有錢人「可消夏於草山〈按，指陽明山〉、北投，挾妓遨遊」，要不「北窗高臥，電扇乘涼，雪藕調冰」。窮人勞工則「驕陽鑠背，污汗滿身，欲求一清涼世界而不可得」。

依林衡道〈一九一五年生，曾任台灣省文獻會主委〉回憶，他八歲從福州回台北定居時，「那時候雖然已經開始使用電風扇，但是不論在福州或在臺灣，太太小姐還是一天到晚拿著扇子搧涼。」

日治後半期，從一九三〇年代留存的舊照看，最時髦的公眾場所，像台南的「林」百貨公司、台北的鐵道大飯店，以及公家的臺灣軍司令官邸、警察會館、專賣局大會議室，都可探見電扇黑中發亮的蹤影。至於富族豪宅裡，永遠不怕看不見奢侈品；台中楊子培和第一世家「板橋林家」林熊光的房邸內部，天花板上的電扇，四片風葉永遠伴著平台鋼琴、沙發、垂地窗簾而旋轉，吹出富貴的氣息。

冰箱

一九一一年〈明治四十四年〉七月八日，台灣的報紙出現一則看似緊急的廣告。登廣告者的名字用日語的片假名寫，顯然是一位叫「陶林」〈譯音〉的洋人，任職於總督府中學校〈即今建國中學前身〉。陶林要賣掉一批家具，意者必須在七月十日前去看貨，意思說，就只剩見報當日和隔天的星期日兩天。當時中學校學期將要結束，暑假從七月十一日開始，看起來這位老外教席就要離職，急著賣掉家具。

那批待售的家具清單中，有「椅子」七張。日本當時西化已超過四十年，但住宅形式仍以傳統居多，而榻榻米上並不長「椅子」這種四腳動物。另外還有「ナイフ」〈即英文knife〉和「フォーク」〈即fork〉等吃西餐用的刀叉，都可以讓人嗅到洋味。洋人教師要轉手的家具，還有更教人眼睛一亮的玩意兒，「冰箱一箇」。

現在日本人稱冰箱為「冷藏庫」，但一九〇三年一個勸業博覽會上，近代化的冰箱開始傳入日本時，日本稱之為冷藏庫，也稱「冰箱」。

依岩井宏實所著《昭和を生きた道具たち》，那時的冰箱跟現代的

冰箱相差沒有十萬也有八千里；除了外觀長方形，一樣有個門以外，幾乎沒有一點像。百年前的冰箱，外殼木造，沒有壓縮機，冷藏效果完全靠當時也還很新鮮的冰塊。把冰塊放進木箱的上層，把門關起來，這就是所謂的「冰箱」。

看在現代人眼裡，如此「冰箱」，著實簡陋。但如此「冰箱」，在一九〇三年博覽會各類進步的新機械裡，還被報紙評選為其中最富「有益趣味」者。

這種不需插電的冰箱，從洋教師的廣告看，一九一〇年代已傳入台灣。而且，一直到日治時期結束，還是「冰箱」的主流。台北福華飯店創辦人廖欽福〈一九〇七年生，台北人〉回憶錄就有一段關於冰箱的敘述，他形容這種冰箱的構造是「用木板內包鉛板，裏面放冰塊」。

一九四〇年開始，廖欽福當了協志商號〈今大同公司前身〉的支配人〈總經理〉，做土木營造生意。廖欽福說，日本籍的營造商出手闊綽，出門搭計程車，事務所都有「冷藏庫」，冰著啤酒和汽水，炎熱天氣從工地回來，拿了就喝。但他所領導的台灣人的店，「哪來冷藏庫?」因為他出身貧窮農家,能吃苦,懂得幫老闆省錢,所以,沒有冰箱,員工回來只有熱茶。

當時連這麼大的土木營造商都不敢買冰箱,唯恐浪費,遑論一般平民家庭。不像現在,要找一個沒有冰箱的家庭,可能比找一個有私人飛機的大富翁還困難。

不過,戰前這種用冰塊的冰箱應有相當普及性,問起老一輩的人,多能描述。一九三七年,台北的黃清祥賽車獲勝,還得了一個「冷藏庫」的獎品。一九三六年臺灣日日新報也報導過使用冰箱莫忘的五個事項,包括應注意不要用紙或布包住冰塊,這樣反而妨害冷卻效果;要常擦去水氣,不然容易滋生細菌;要預防細菌,可一週一次,用一匙蘇打泡五公升的水擦拭;門盡量不要開開關關,以免冷氣散掉等等。

雖說日本時代,台灣多用冰塊的木身冰箱,其實電冰箱也有人開始使用。「台灣婦人界」月刊早於一九三四年十一月號就有一篇訪問,一位女記者找了一個禮拜天到臺灣電力株式會社的業務部長〈業務經理〉後藤曠二家裡,把這個神奇的電氣家庭所有的電製品介紹了一遍。

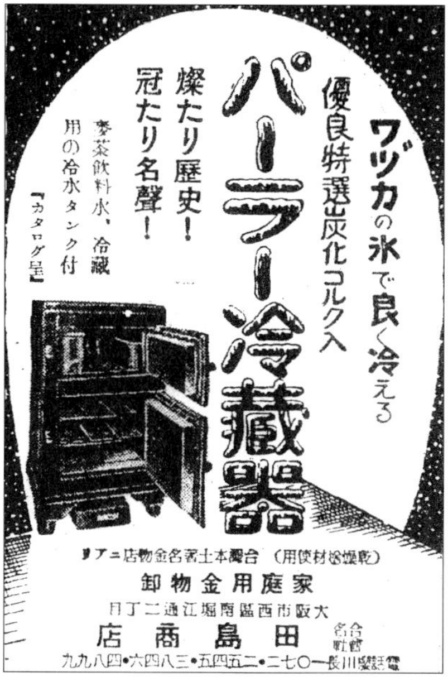

日本時代最多見的冰箱不是電冰箱，而是木製外殼、內用鉛板、放冰塊進去的冰箱。

女記者看見後藤家裡十歲的女兒推著吸塵器，玻璃窗框的灰塵一下子就不見，同時也沒有一絲灰塵上身。後藤部長三個十歲、八歲、五歲的小孩自己在烤麵包。一個銀色很像做冰淇淋的大機器，竟然是洗衣機，而且十分鐘就洗了六件衣服。還有電鍋、電熱爐、電燈等等。記者還看見客廳角落有一個很像銀製的保險箱，一問才知原來是電冰箱。記者知道電冰箱最上一層還可以製冰時，覺得帥呆了，但聽到要五百圓〈一般上班族月薪在十幾圓到三十圓之間〉才買得到時，頓時又憂鬱起來。後藤部長最後招待女記者喝冷飲，記者看見杯裡浮著像方糖的東西，原來就是電冰箱生產的小冰塊。

後藤曠二家裡的「電氣冷藏庫」應是台灣頗早在歷史露臉的電冰箱。放眼世界，電冰箱於一九二八年在美國問世，一九三〇年〈昭和五年〉日本開始國產，而雜誌報導後藤家是一九三四年的事。

一九三〇年代，電氣品正在世界蓬勃發展，紛紛走入家庭，電冰箱和吸塵器、洗衣機被日本人稱為三種「神器」。一九三七年，全日本有一萬兩千多台家庭用電冰箱，但一九四〇年因戰爭日熾，日本禁止製造販賣奢侈品，雨後春筍一般的家電突然被丟進沙漠，電冰箱也相對少了。

冷藏保鮮的種種發明寫著人類漫長努力的歷史，並非有了電冰箱，人們才開始保存牛肉豬肉、有冰飲可喝。幾千年前，中國周朝就有冰窖，夏天喝得到冰水。近代的冰箱雛型則是一八三四年美國人Jacob Perkins建立，運用蒸發壓縮揮發性液體冷卻。而在放冰塊進木箱的「冰箱」和現代的電冰箱之間，其實還有一種冷藏庫，繞了許多鐵管，裡面跑的是阿摩尼亞，接上電，一冷起來，管子上附著一層白白厚厚的冰。九十幾年前，台灣就有這種冷藏庫了。

依一九一〇年四月三十日的臺灣日日新報的記載，這種冷藏庫剛剛時興，當時美國芝加哥有幾十個，日本於一九〇八年開始盛行，台灣最早裝這種冷藏庫的則是一九〇八年開張的洋式大旅館「鐵道旅館」，但規模很小。

一九一〇年四月五日是台灣冰箱發展史上重要的一頁，台北官廳買了七個月的冷藏設備，經過試轉，把自來水裝好，終於在這一天上：一九一〇年，台北新起街市場開始有大型冷藏庫，付租金就可以借存魚肉蔬果。
下：新起街市場建築呈八角形，即今西門町的紅樓劇場。

「開庫」，台北人有了共同的大冰箱。任何人擔心魚肉蔬果腐敗，花八錢就可借用冷藏庫冰存三點七五公斤的東西，市場還幫忙送貨到府。

台北人的大冰箱就設在今天西門町的紅樓劇場。紅樓在日本時代原是官營的新起街市場，八角形的特殊建築，裡面隔成一間間商店，賣時髦的各類商品。大冰箱放在市場內西側，深十二尺、寬二十四尺、高十二尺，分成三間，可容五千斤，營業時間很長，從早上六點到深夜十二點。

現代人看這種使用阿摩尼亞的冷凍庫，眼睛難免有點往下斜望，但那時的人很把冷藏庫當一回事，仰望成不得了的魔具。報上細數冷藏庫的優點，有了此物，不用怕捕不到魚；牛肉豬肉冰過幾天後，肉筋更軟，肉質更好；牲畜先殺來冷藏，不用再浪費飼料；梅雨季也可以把毛料和皮衣送到冷藏庫保存防蟲。

想到以前的人幫冰箱想出這麼多好處，再讀當代文章，有人卻說甚麼要把靈魂或失味的愛情凍在冰箱裡，不覺有一點不忍；這麼好的東西，幹嘛拿來藏難過呢！

7

旅行見聞

海外旅行
世界博覽會

海外旅行

不論為了休息、增廣見聞、遊學或為了虛榮，只要經濟許可，出國旅遊似乎是現代每一個台灣人勢在必行的終身義務。台灣人拚命搶出國玩，台灣近代最早的海外旅遊，卻是被日本「逼」出來的。

一八九五年六月十七日日本開始統治台灣，不到一個月，總督府的學務部長伊澤修二馬上選台北士林要辦學校。那時候，日本人是圓是扁都不知道，講的話又聽不懂，沒人敢把子弟送出門讓日本人教書，伊澤修二好不容易募到六個學生，都是十七歲到二十七歲的士林人。

那時候的台灣，沒幾個人上過私塾，讀過私塾的，沒半個學過算術。所以，入學考試有三題算術，其中一題，「今有銀一萬貳千三百四十五兩六錢七分八厘九毛作六人分之間每人該銀若干」，現在的小學生就會，當年六個考生卻只有兩人會答。而日本，從一八六八年明治政府開啟，全面西化；從跟歐洲人學吃牛肉、坐四腳椅辦公，移植西方一切文明，到取得第一個殖民地台灣，已經快三十年。台灣總督府官僚如何看待台灣，可想而知；治台之初幾年，他們還稱台灣人為「土人」。

李春生一百多年前的東京記聞，既是遊記，也是重要的文明發展記錄。

所以總督府在士林興學四、五個月後，伊澤修二臨時要回東京洽公，帶著兩個台灣學生柯秋潔和朱俊英同行，目的便說是要台灣人「參觀日本文明的實況，讓他們感覺無論如何一定要接受日本的教育」。這次三十幾天的東京行，是日治初期台灣人「內地觀光」〈內地即日本〉的開端。此後，台灣人便不斷被「趕」去日本旅行，形成一波波觀光潮。

一八九六年春天，換總督樺山資紀要回東京述職，這次他「邀請」台北知名的茶商李春生同船。從李春生後來寫成的遊記看，他很知道總督邀約遊日的目的，一樣是「同飽眼福」之後，要他把遊歷情境告訴台灣島民，俾有助於「治臺開化」。這次類似出差的旅行肩負宣傳的任務，又因「房金伙食」和「鋪陳器用」都「需費公家」，跟今天認知的私人出遊迥然不同。

不過，海外旅行開人眼界，古今倒相差不大。李春生買票看了生物院〈動物園〉，「購自歐洲、飛禽走獸、多半目所未覩」；到電話局則看到「電話司機女郎」，唧唧細語，為客傳話；也到了眾議院二樓旁聽議事，發現議院員工「大多童子居多」。李春生並注意到日本人重清潔，「雖小便必濯手」。

在淺草一家叫「亀清樓」的酒樓裡表演的西洋魔術，更叫李春生興味盎然，逐一在遊記裡仔細描寫。其中有一項「噴水」魔術，三十歲左右穿西裝的日本魔術師先拿一個大玻璃杯，裝水放在椅子上，作唸咒模樣，粗如鵝管的水注頓時噴出，高好幾尺。魔術師拿扇子打斷，水注就登上扇子，繼續噴水，魔術師拿著扇子到處走，「水亦隨扇、上下飛湧、連續不息」。突然，水注被挪到一個傭人頭頂，水還是噴。再搬水注到桌角椅尖，一樣「無觸不靈」。

一九〇〇年前後幾年，日本官方非常熱衷鼓勵內地觀光，於是台籍士紳絡繹於途。先是一八九九年，總督府曾發給地方官員「參事」、「庄長」和獲頒紳章的耆老、一年繳稅三十圓的資產家「無賃便乘券」〈免費船票〉，在沒有客滿情況下，可免費搭乘日本郵船株式會社和大阪商船株式會社的船到日本。

除此之外，臺灣日日新報在一九〇〇年五月二十日曾報導指出，鼓勵辦法包括旅費由地方稅支給，輪船票價務必從廉，到了東京，並

右：李春生當年看西洋魔術的龜清樓，至今仍矗立在東京淺草的柳橋畔。
左：總督府鼓勵內地觀光，常留下各種團體在皇居二重橋前的合照。

由「臺灣協會」照應。最有趣的，當時台灣士紳很少人不抽鴉片，怕他們癮發難受，行前還「設特別方法製就阿片丸藥」，好方便「隨時吞服」。

日本半強迫式的鼓勵內地觀光，事後看來，確實多少有益於台灣社會的文明進展。像一八九八年台南官紳蔡夢熊開辦台灣最早的幼稚園「臺南關帝廟幼稚園」，就是京都、大阪訪遊後的啟發。

另外像台灣男士參觀過日本的產婆學校，驚訝發現，產婆並不是非要老歐巴桑擔綱不可，年輕未婚的小姐透過學校教育也能學會接生。年輕小姐更可以上學求新知，畢業後到商店當職員。台灣男人彷彿換上一付新的眼睛，有了新的性別觀，一九〇三年，台北大稻埕的陳欽銘觀光回來，就讓太太蘇氏去學校唸書了。

讓太太去上學的陳欽銘，那一年主要參觀大阪

基隆煤礦鉅子顏國年〈前坐右二〉在一九二五年曾壯遊歐美。

舉辦的「國內勸業博覽會」。這次博覽會，台灣人去了五百多位。值得注意的是，不少人已然自費觀光，不再需要官方補助勸誘了。陳欽銘就是其中之一。

另一位自費去日本觀光的人，因是女性，曾被報紙大大報導。一九〇〇年，四十六歲的南投婦女吳素蘭帶著女婢陳双喜，蹬著剛鬆綁的纏足，兩個女人就大膽的和十六位士紳到日本玩了六十天，報紙形容為「女豪東遊」，並指出「本島婦人志願觀光者素蘭可謂嚆矢矣」。

一九二五年，基隆大礦商顏國年曾遊英美法德各國，但目的在於視察礦山。一九二七年，另一段更具劃時代意義的純觀光旅程，搭乘鳳山丸由基隆出發了。台中霧峰豪族的林獻堂夢想了十八年的環球旅行，終於揚帆成真。依他的日記所載，當年台灣到法國馬賽港花了三十五天，從法國橫越大西洋到美國則要六天，當年不搭飛機的環球旅行，顯然需要極好的體力來負荷緩慢的海上交通。

林獻堂當年攜二子遊歷歐美，長達一年，知名景點都玩遍了，一九二八年更在美國洛杉磯搭了十五分鐘的兩人座小飛機。台灣本島的民航機於一九三一年才開始試飛。如果不把專業飛行員計入，林獻堂很可能是台灣第一位搭客機的人。

要在千里外的美國拿下這種台灣歷史記錄，不單靠志氣和勇氣，財富更是前提。林家父子此行玩了一年，花了三、四萬圓。這個數目現在看來很小，但當年小學教員月薪大概二十圓，以今天普通教師薪資四萬比算，林獻堂大約花了現代人的八千萬元來完成環遊世界的壯舉。做甚麼樣的旅行，可以反應階級，今天已經這樣，過去更復如此。

戰前台日間的輪船走所謂的「臺灣航路」，從神戶登上日本土地。

世界博覽會

吳文秀二十六歲就隻身前往巴黎，參加世博會，推銷台灣茶。

一百零五年以前，就有個台灣人，大老遠揮別台北前往法國，參加了二次大戰前人潮最多的一九〇〇年巴黎萬國博覽會。這一年，中國的義和團正亂得朝廷驚恐萬分，且攻陷了北京。孫文等革命黨還在海外一籌莫展。而台灣已經落入日本的口袋，進入第六個年頭；水溝還在撒灰水防治鼠疫，不過，自來水、公用電話和幼稚園都冒出土了。這個台灣老前輩名叫吳文秀，頭頂上還留著長長的辮子，應是台灣第一個參加世界博覽會的人。

吳文秀會有如此先進之舉，遠赴巴黎，其實跟日本政府參與世界博覽會有關。

十九世紀前半葉，西方各國在國內辦博覽會已經很稀鬆平常，但屬於國內工商機密，多嚴禁參觀。一八五一年，英國在倫敦海德公園的萬國博覽會〈Great Exhibition of Industry All Nations〉才開始歡迎各國一起把各自珍奇進步的工商技術和產品拿來互開眼界、互相觀摩、推銷和宣傳，成為公認最早的世界博覽會。此後五十年，英、法、美幾國輪番舉辦萬博，就像要在世界舞台競搶最佳男女主角一般。

一八六二年，日本有一支派赴歐洲的使節團，第一次在英國見識到所謂的萬國博覽會。五年後，巴黎的博覽會，日本就開始有珍品商物去參展了。一八六八年以後，明治維新的號角催促了日本人大舉到西方取經，科學、醫學、法律、藝術，無所不包。去一個大型展示會觀摩西方文明的進步事物，對日本來說，顯得了無疑慮、義無反顧。

拿一九〇〇年的巴黎博覽會來說，從當年的臺灣報紙看，總督府的參事官長石塚英藏跑了世界一圈，考察各國殖民政策，有一站即到巴黎看博覽會；總督府請來籌謀台灣糖業的農學博士新渡戶稻造〈舊五千圓日鈔上的歷史人物〉，就任殖產課技師前，也是先轉去巴黎，看完博覽會再來台履新；總督府殖產課一位姓藤江的「技手」小官，則是奉命出差去看展。顯然，日本已對萬博非常熟悉，也熱衷參與。

一九〇〇年的巴黎博覽會，參展的日本館，除了「金堂」，展示許多皇室寶物珍藏外，還有酒舖、賣店和一家兩層樓的「喫茶店」，推銷日本茶。依一九〇一年二月一日臺灣日日新報所載，剛從巴黎返台的吳文秀受訪指出，日本政府補助兩萬五，總督府也補助兩萬五，茶商本身提撥五萬五，合共十萬五千圓，來籌辦「喫茶店」，推銷日本綠茶〈包括玉露和抹茶〉、紅茶和台灣著名的烏龍茶和包種茶。日本本國那邊，派了三位委員主其事，台灣這邊，就由時任臺北茶商公會會長的吳文秀負責。吳文秀就這樣，跨出台灣人參與博覽會的第一步。

吳文秀的祖先在嘉慶年間移居台北，到他父親時，已經是大稻埕富裕的茶商。他幼時就到廈門讀美國教會學校學海學院，會說英文，年紀輕輕，二十五歲當選臺北茶商公會會長，二十六歲就獲選代表參加巴黎博覽會。

博覽會四月十四日召開，前一年年末，報紙就開始追蹤吳文秀的動態，儼然是台北上流圈的要聞。吳文秀一月二十日動身。如果以現在一天就可飛到巴黎來看，他實在太早出發了。但當時只能搭船，而且還不是一艘船坐到底，所以，一個多月後，二月二十七日，吳文秀才踏上法國土地。

那個年代，要往歐洲，都先到香港轉搭輪船。吳文秀在香港停留期間，辦了一件人生大事。行前台北圈已經傳聞，他到法國要「削髮解裝」，「他日歸來恐兒童相見不相識笑問客從何處來」。這裡的削髮，並非落髮出家，而是剪掉滿清的辮子。報載吳文秀寫信給公會說道，以前到東京，因垂一條辮尾，「甚愧」，但那裡還有清國人身影，不至於「驚世駭俗」。這次到巴黎，已經沒甚麼清國人，所以在香港「籌思一夜遂毅然斷髮」，改穿西裝。

到巴黎，吳文秀並非單純的旅客，而是有任務在身。當時，茶葉是國際上競爭得很厲害的貿易商品。錫蘭茶和印度茶的攤位就在對面，每天短兵相接，日本和台灣茶這邊不敢稍有懈怠。整個喫茶店裡，有三名日本委員和吳文秀，另聘日本婦女和法國婦女各五名，穿上日本服裝，充當招待，引導客人進去品茗。二樓為綠茶區，樓下才是紅茶和烏龍茶、包種茶區。

一開始，台灣茶推銷並不順利。吳文秀信上說，每天到店有三百多人，喝日本紅茶的最多，綠茶次之，喝台灣茶的才佔四分之一而已。日本記者寫回來的報導，還指工作人員語言溝通不良，會英語的日籍委員抱怨吳文秀的英語「變則」〈不正常〉，做事「獨斷」。吳文秀的處境辛苦，可見一斑。

另一方面，在長達七個月的巴黎博覽會展期間，台北的吳家發生重大的變故。吳文秀的哥哥病逝，電報打到巴黎，吳文秀因公回不來。接著母親「積憂成疾」西歸，他也無法奔喪。同一則新聞中還報導，「嘉士洋行倒盤聞文秀失卻五千餘圓」。新聞標題定為「禍不單行」，不無道理。

公務方面，一九〇〇年八月，臺北茶商公會改選。會長兩年一任，吳文秀人在遙遠的歐洲，那時不僅沒有國際電話可打，普通書信從歐洲到台灣要兩個月才送達，吳文秀無法親自出席，只能乖乖寄辭職書回台灣。結果選出正副會長、幹事長、幹事、監事共十五位，一個位子也沒留給吳文秀。

不過，種種不順並沒有讓吳文秀消沉，相反的，從報上的消息看，吳文秀行事頗為積極。當日本駐法公使遞名片給巴黎上流社會，推銷日本茶〈包含台灣茶〉時，吳文秀是「馳車街道」，把宣傳單和相片簿，「四處分發」，要讓全巴黎人都知道烏龍茶的「真味」。皇天不負苦心人，台灣的烏龍茶經過審查官評判，最後和錫蘭茶同受博覽會金牌。

吳文秀的開朗積極性格，從別人的描述也可窺知三分。清末孫文的革命摯友陳少白到台灣時見過他，在陳少白口述的《興中會革命史要》裡，形容吳文秀「年雖未三十，卻是十分老成，且有志氣」。臺灣日日新報在一九二九年吳文秀病逝後則報導，有朋友說他這個人「善詼諧。多趣味。當地本島人名士宴會。席上無吳氏。則座客為之寡懽。」

吳文秀從一月二十日出發，十一月博覽會閉幕，到隔年一月下旬回台，整整一年為台灣茶業羈留巴黎。過去歷史著作對這一年經過不詳，都淡淡一句帶過，也因此以訛傳訛，造成不少錯誤。

過去關於吳文秀最重要的敘述，例如指孫文一九〇〇年九月第一次來台灣，停留四十四天，曾和吳文秀見面，就屬錯誤。

另外，建築史必談的「圓山別莊」〈今臺北故事館〉，每次介紹他的主人陳朝駿，總會引用一九八四年工商時報的報導，「在一九〇〇年法國巴黎開博覽會時，吳文秀、陳朝駿、郭春秧三人，還代表台灣茶商到歐洲參加」。如果把日治時代一九〇〇年的臺灣日日新報翻過，就知道那年只有吳文秀一人去了巴黎。何況，陳朝駿生於一八八六年，一九〇〇年才十四歲，不太可能代表茶商公會去巴黎博覽會。

臺灣日日新報
關於吳文秀巴黎行的報導

日期	標題	報導內容大意
1899年11月21日三版	拜受旅費	已到金庫領取政府的旅費
1900年1月9日三版	吳氏行蹤	近日即動身
1900年1月20日三版	委員出發	本月二十日啟程
1900年3月10日三版	已抵法界	二月二十七日抵法國，幾天後可到巴黎
1900年4月13日四版	文秀斷髮	在香港剪辮，改穿西服
1900年6月24日一版	佛國巴里特信	和日本工作同仁溝通不良
1900年7月13日三版	賽會情況	寫信回台灣，詳述參展現場情形
1900年8月26日五版	會長辭職	公會改選，不能返台，寄回辭職書
1900年10月10日三版	受賞金牌	信回台灣報告，烏龍茶被品題為金牌
1901年1月10日三版	賽會茶狀	在巴黎市街四處分發宣傳單，推銷烏龍茶
1901年1月11日四版	禍不單行	母兄相繼病逝，因公不能奔喪，又受洋行倒閉牽連，損失五千多圓
1901年1月27日五版	吳氏歸臺	已離開巴黎，先到日本，二十四日再由神戶搭船返台
1901年1月30日二版	巴里博覽會と日本茶の將來	接受報紙專訪
1901年2月1日四版	巴里歸談	專訪內容翻成中文，刊於臺灣日日新報漢文版

陳柔縉・整理製表

8

公共事物

消防隊

消防隊

第一任臺北消防組組長澤井市造是一位大營造商。

一八九七年十一月三日天長節那天，為了給明治天皇慶壽，負責建造總督府二十九棟官舍的五百多位工人集合起來，分成四組，表演爬梯子、揮舞「纏」〈以前日本救火時，必須有人持一只像燈籠的東西，上面標誌消防隊的組別，揮舞以提振士氣〉等消防演習的內容，曾任臺北消防組組頭〈隊長〉的船越倉吉，死後哀榮錄有人回憶，指這就是台灣「最初の消防」。

台灣最早的消防故事到此還沒結束。雖說場面盛大，眾人動作整齊，後來卻打起架來。還好四組之一的頭頭「太田榮藏」很有大哥風範，才把亂局鎮下來。

但臺北市役所一九四〇年編的《臺北市政二十年史》，一八九六年，日本統治台灣第二年，就開始有「消防組」〈消防隊〉。

不論何時才是台灣消防史最早萌芽的正確時間，但與現今消防隊屬政府單位不同，那時消防組由私人籌設。而且，最早期的消防組織與營建業不可分割，也是事實。

戰前各地消防組頗重倫理，常為已逝組長立像立碑紀念。

以台北來說，一九〇二年底，臺北廳〈當時的市府〉頒布法令，開始有「公設消防組」，第一任的臺北消防組組長「澤井市造」就是台北的營建大亨，旗下有「澤井組」，承建過現在的監察院和南昌街的專賣局。當時消防組還不是政府機構，官方只監督，消防員盡是一般人兼任，平時大家都另有工作。平時訓練怎麼操作唧筒、演練救火技術，有火災才齊集赴難。

現在重慶南路和忠孝東路口的城中消防隊，日本時代即臺北消防組所在，當時是頗高的三角窗建築，二樓臨街有一陽台，就放了第一任組長澤井市造的銅像，極盡崇隆。

百年前，台灣的市街房屋多土石建造，少見大火災。日本統治後，人漸稠密，又引入木造建築，祝融之災就多了。救災要登梯爬高灌水，蔓延時也要拆房子，闢出防火線，這些功夫恰巧是建築工人最為擅長。日本傳統的造屋工人分工頗細，木工叫「大工」，粉刷工叫「左官」，負責爬屋頂的，有如鳥兒飛高的本事，被稱為「鳶」。因此，日治前期的消防隊員，就以這些「大工」、「左官」、「鳶」兼差的最多。

澤井市造接任臺北消防隊隊長前，其實台北已有一些私人消防組，情況頗有點像清代台灣的豪族，為防原住民或異族群的械鬥，私養團練，擁兵自重。像篠塚初太郎，也是個建築商，供應臺灣銀行、總督府、臺北法院等建築用的銅板鐵材，以在台灣發現製造石板瓦〈slate〉的礦石和花蓮大理石而聞名。一九〇一年前後，篠塚就曾自掏腰包，雇了五十幾個「消防夫」〈當時對消防員的稱呼〉。臺北廳公設消防組後，收編這些私人消防組，讓篠塚初太郎當了「城內頭取」，臺北幾個城門圍起來的區域，都歸他當頭頭。

城外也設頭頭，由一個叫竹宮喜一郎的人擔任。兩位「郎」兄互看不順眼，據《臺灣人物誌》所寫，「兩雄屢次反目」，虎視眈眈，一付要決生死的樣子。

這讓人想起日本私設消防起源的故事。日治時期的雜誌「臺灣消防」裡談到，日本最早的私消是一七一六年底，加賀藩在江戶的藩邸內，年輕的武士扮起「火消夫」，以防火事。這些年輕武士具俠客精神，官邸外一般街町火災，也會挺身搶救。但是，捨我其誰加上逞英雄的作風，往往「征戰」過遠，和別處的熱心救火大隊起衝突。

高雄壽山公園曾有高雄消防組長杉本音吉的紀念碑。

高雄消防隊的歷史也顯示，早期私設消防組的時代，消防人員身上潛藏危險因子。高雄官設消防組比臺北更晚。一九一〇年，清水政之進這傢伙領導私消，因酗酒而讓市民不安，才換上另一個有大哥風範的商人杉本音吉。

日治初期，在政府未設正規消防隊前，私消頗盛，但良莠不齊。一九〇〇年五月，臺灣日日新報就報導，臺北官廳下令私設消防組，必須「稟請許可」，「庶免貽害」。因為先前臺北、基隆、新竹等市區的私消，都是一些「無產無賴之徒」，常常藉此訛詐娼寮酒肆。

臺北於一九〇二年底官設消防組，高雄是一九一五年，當時的大城市基隆則於一九一〇年，換言之，大約脫離明治時期，進入大正時期以後，台灣的消防組織才上軌道。從那以後，關於消防隊的新聞，除了努力救災，重頭戲就是一年一度的新春演習「消防初出式」。

日本時代的年度消防演習，各地舉行時間不一，但都在元旦過後幾天。臺北和新竹、臺中、高雄、臺東慣例選在一月四日，基隆五日，彰化六日，豐原消防組在九日，已是最晚的初出式。「梯子乘」

上：以前的消防演習，「梯子乘」〈爬梯子〉為重頭戲。
下：日本時代的消防技術已能噴高高的水柱。

跟現在的表演內容最不相同，也就是爬長長高高的竹梯。

從日本時代的消防組職員名冊看，台灣人進入消防系統的遠少過日本人，臺北消防組尤其明顯；一九三四年，仍不見有半個台灣籍「消防手」。同一時間，基隆消防組則有十七位台灣人。依目前資料看，基隆的「張先」可能是最早的台籍消防成員。一九〇六年，基隆消防組從地方行政組織「保甲」那裡得了十五個人和一個德國製手押上：一九二三年〈大正十二年〉當時的消防車，有明顯的汲水設施和水管，木製車輪以鐵片為輪胎。
下：一九二六年的消防唧筒廣告，畫有當時消防車的模樣。

式唧筒，所以把「組頭副」〈副組長〉的位子給了張先。

人們從未停止過救火，自古以來就有消防。但消防仍有現代化，最鮮明的表徵顯於消防設備。像街頭要看見消防栓，現代人不以為有甚麼好大驚小怪。但是，想到城市要有自來水水道，才能豎起消防栓，消防栓的意義似乎就意味城市發展已非常現代化。

一九〇五年，總督府內發生火災，報紙感慨說，「無消火之器」，雖然消防員拚命打救也無法竟全功。然後提到臺北市街「現尚無水

戰前城市的重要地點常架設高聳的瞭望台，以觀測火災發生及其地點，發出警報。

道」，不似東京，頗為遺憾。但到一九〇九年八月臺北消防組的一場演習，其中便有演練「水道消防栓使用法」。幾個月後，漢文臺灣日日新報指出，消防組於寒冬特別加強消防，每晚有四個消防夫巡邏。他們必須攜帶提燈和尖嘴鋤，「即于水道消火栓等。亦必細察其有無異狀。」可見消防栓在台灣冒出土，應在一九〇五到一九〇九年之間，那時正值清朝最後一個皇帝宣統即位前後，民國則還未揭幕。

台灣幾個大城市中，一九三七年版的《基隆消防概況》指出，一九一三年，基隆市內十七個重要地點設了消防栓。一九三八年度末，臺北市則已有一千兩百零七個消防栓。

消防車加入消防陣容，也是消防近代化的一大特徵。臺北在一九二二年買進第一輛，比臺中早兩年，比基隆早四年。

總督府〈今總統府〉在日本時代鬧過兩次火災，兩次相隔三十年，恰可觀察消防的發展歷程。一九〇五年的第一次，沒有甚麼滅火器、沒有半個消防栓，更不用說消防車了。一九三五年總督府四樓寫真室又發生火災時，臺北已有八部消防車，而且全出動了。

上：臺北消防組的特殊建築造型，是日本時代消防組織的特徵；高塔方便瞭望市區內火災地點，可迅速敲打警鈴，迅速抵達現場救火。

下右：羅東消防組購置的美國雪佛蘭消防車。

下左：員林消防組透過車行，購置了福特消防車。

上・中：以前的消防演習有校閱、賜酒等儀式。
下：像警察一樣的制帽、草鞋、緊身花褲，構成戰前消防員獨特的形象。

說台語的人到現在還叫消防隊為「消防組」，即日本統治台灣遺留的痕跡。除此之外，舊建築毀棄，消防設備更新，官學兩界不願回顧百年前、八十年前的消防歷史，大家似乎都忘記了穿著日本「法被」和緊身花褲子、草鞋演習的消防員，其實也曾不分人種勇赴火場。

9

服裝衣飾

洗衣店
洋傘

洗衣店

早期庶民傳統清潔衣服的方法就是到溪邊搓洗而已。

一九〇六年七月，溽暑的夏天照例又來了。一位當時難得一見的西醫林清月在報上發表「衛生片談」，教授現在聽起來很簡單的衛生常識，文中描寫了一大段百年前台灣人洗衣服的方法。

林清月說，台灣婦女常「用溝堀之污水洗濯」，北部特別多這種情形。台灣人也「慣用米粥或薄糊」，讓衣服比較堅挺。現代人用漂白水對抗新衣染漬或舊衣發黃，一百年前也興漂白，只是方法有點教人起雞皮疙瘩。林清月指出，「亦有欲漂白衣裳。放浸尿中許久。再取而淨洗之。」

如此這般傳統的洗衣方法過渡到今天，其實是一種西化。百年前西洋洗衣法和傳統東方的不同，前者運用了化學與科學。所謂的化學，指運用了肥皂和汽油等製品，科學則指使用熨斗。

西洋洗衣法於十九世紀紛紛傳入東方。日本的橫濱在幕末時代聚居了許多西方人，一八五九年，日本人在橫濱開了第一家洗衣店。現在橫濱本町的一個小坡道轉彎處，可看見石碑，寫著「クリーニング業發祥の地」（クリーニング為源自英文的cleaning的日文外來語，日

橫濱本町的小道旁，立有日本西洋洗濯發祥地的紀念碑。

文另有「西洋洗濯」一詞。洗衣店號常以クリーニング或洗濯屋來標示〉。當時衣服送往洗衣店，即表示用的是西洋的洗法，若使用傳統洗衣法，雇個女傭在家便可處理。所以，「洗濯屋」可說是個帶西洋風味的職業。

台灣在一八九五年日本統治以後，關於洗衣店的資料開始零星可見。《始政五十年台灣草創史》書中指出，第一位台灣總督樺山資紀來台履任，他搭乘的船「橫濱丸」裡，其實不只是那些想當然爾的官員和憲兵，隨行還有一群讓生活得以正常運作的職工雜役，像理髮師、裁縫師等等。當時也同船的村崎長昶說，這類人「約百餘人」。其中，就有「洗濯屋」。

一八九五年六月初，橫濱丸把西洋洗濯載入台灣，四年後的一八九九年，台北就有十幾家洗衣店了，而且競爭得很激動。四月十二日臺灣日日新報有則題為「西洋洗濯業者請願」的消息，有個叫藤村德一的人開了一家叫「一洗舍」的店，不知道哪裡得來神通，專門雇用臺北監獄的囚犯洗衣服。台北的十幾家業者就跳腳了，趕緊連署請願，向臺北縣知事〈市長〉哀叫，如此會害他們關門大吉。

這個請願下場如何，不見報紙後續報導，卻透露台灣已有最初的洗衣店。一個月後，到底有哪些洗衣店就更清楚了。一八九九年五月十三日，臺灣日日新報有「台北西洋洗濯同業組合事務所」的廣告，用今天的語言說，就是洗衣店公會的公告。廣告上羅列九家店號或老闆的名字，也有詳細的地址。

府前街〈今重慶南路〉有一家；
西門街〈今中華路以西、漢口街一帶〉有三家；
新起街〈今中華路以西、貴陽街一帶〉兩家；
北門街〈今博愛路東側區域〉也有兩家；
石防街〈今二二八公園和總統府前停車場一帶〉有一家。

綜合來看，當時洗衣店的散布範圍，大約以中山堂為核心，六百公尺為半徑的區域內；也就是日本人集中的「城內」和緊臨城內的中華路沿邊。至於哪一家是台灣最早的洗衣店，則無從知悉，要立個發祥地甚麼的紀念碑，還不知道該放哪裡對。

十九世紀結束，從事西洋洗衣業者似乎還不見台灣人的蹤影。直

パルマ

臺北市本町一丁目

電話三五五四番

東京星印名刺カード販賣

盛進堂

店主 乾久萬吉

臺北市榮町三丁目

電話一四六九番

御料理

蒲燒

天ぷら

臺北市表町

中惣

店主 保坂徳次郎

電話八六八番

◇ベンジン
クリーニング
併ニ
◇洗濯 ◇染色
◇設備全島一
公認

臺灣クリーニング合資會社

臺北市三橋町八番地

電話三三六一番

振替臺灣四七三一番

各種特許品及
變性アルコールコンロ
石油瓦斯コンロ
内外石油揮發油
變性アルコール各種販賣

臺北市大和町三ノ一

㊮稲垣商會

電話二七〇四番

振替臺灣三六七七番

破れぬ
捻れぬ
狂はぬ
完全無缺
好評絶大

專賣特許・新案特許

末代破れぬ

登錄商標 ミカド襖

優雅・經濟

臺灣全島特約店

ミカド襖 臺北市新起町二丁目六番地

葛西貞三商店

電話一一八一番

電略(カ)又ハ(カサ)

營業課目
- 各種建具・襖表具材料
- 金銀屛風・襖類・衝立類
- 其他御誂品應貴需調製

圖內靠右中間的相片即是臺北一家西洋洗濯店，位於三橋町〈今林森公園一帶〉。

到日治中期，全台才出現兩個台灣籍洗衣店老闆。一九二七年〈昭和二年〉版的《臺灣商工名錄》，全台三十來家洗衣店，有基隆開「清水」洗衣店的江富成和臺中的陳林奧是台籍老闆。現在三步就一家洗衣店，單單台北就有一千多家，比較起來，日治前半期的洗衣店實在很稀有，台灣人介入此業更是少之又少。

但到一九四〇年台北市役所〈市政府〉的資料，台灣人顯然已經習得這項職技，開始有分枝散葉的態勢。據昭和十五年版的《臺灣商工名錄》，不計算專門洗和服的「洗張」店，單單專門「西洋洗濯」的洗衣店就有四十七家，其中由台灣人經營的已二十九家。

日本戰前洗衣店多取名甚麼甚麼「舍」或有洋味的「クリーニング」〈即cleaning之意〉。像最早經營乾洗的白洋舍，至今九十九年歷史，目前還是日本數一數二的大型洗衣連鎖公司。台灣人的洗衣店也承襲此風，而有「太洋舍」、「漢洋舍」、「日洋舍」、「日光舍」、「東光舍」等等。

戰前曾任職於日洋舍、今年八十四歲的楊超英說，日洋舍老闆張港是他舅舅，中和人，大他十歲，本來在日本人「西本賢二」開的「能新舍」當師傅；「能新舍真大間，師傅就有七、八個在燙衣服，洗很多旅社的被單、床巾」。楊超英從台北的東園公學校畢業後，原來學修腳踏車，十八歲那年改跟舅舅學洗衣服。日洋社上下就他和舅舅、表哥三人。戰後，他自己在羅斯福路那邊開業，後遷潮州街，現由兒子繼承。台灣洗衣業採師徒制，再從日洋舍的歷史看，可一瞥台灣洗衣店的發展淵源與譜系，多可溯自日本時代日本人的洗衣店。

楊超英說，日本時代，不是顧客自己送衣服到洗衣店，而由「外交員」專門負責收送衣服。外交員就是洗衣店的業務員，洗衣店的生意要靠他去「跑業務」。外交員總是騎著「自轉車」〈腳踏車〉出門，洗衣店的腳踏車模樣很惹眼，前頭架著一個超大的竹籠子，外包著各種顏色的帆布，裝載收送的衣服。

當時能送洗衣店的衣物多半貴重，於是一九三四年曾發生外交員偷拿顧客衣服去當的新聞。報上說，日本新潟縣出身的大島之前在基隆當洗衣店外交員時，就曾把客人衣物典當而遭解雇。後來轉到台北永樂町二丁目的「再新社」工作，「原性不改」，「再橫領十數件」，這次就被送警察局處理了。

楊超英另指出，戰前已有馬達帶動的洗衣機和脫水機，但他所在的日洋舍算是小洗衣店，沒使用甚麼機械，「全是人工」。日本時代送到洗衣店的衣服不像現在絲的、皮的五花八門，當時質料以棉布和卡其布多，樣式則以官員穿的「文官服」多。夏天的文官服白色，冬天黑色，印象中，每天洗燙的衣服不是黑就是白。日本時代，很多男人戴帽子，有專門的店清洗帽子，和服也是，所以一般洗衣店要洗的衣物頗為單純。

以前洗衣服的手續繁瑣，送進來第一天要先浸漿，隔天再放進大鍋子裡，和糊狀的「洗濯石鹼」〈肥皂〉一起煮，放涼了再洗。楊超英說，洗時放約兩尺寬的洗衣板在大木桶裡，不能坐，用站的搓洗才有力道。那時候，刷洗衣服用一種長約五寸的竹刷子，日語叫「ササラ」〈sa-sa-la〉。洗好要脫水，有一種圓筒狀，外層銅，內層不繡鋼的脫水機，原理跟現在的洗衣

刷洗衣服用一種長約五寸的竹刷子，日語叫「ササラ」。

機脫水一樣，只不過用的是手搖桿子，讓圓筒內層旋轉起來。

要逐一細比，今天和六、七十年前的洗衣店真是非常不同，但論起辛苦，大概差不多。楊超英說，夏天送洗衣服多，常洗到十一、二點。而我常去的洗衣店，任何時候去，五十多歲的老闆總是窩在衣服林裡燙衣服。

洋傘

關於台灣人的特徵，有一種說法；在歐洲著名的旅遊景點，遠遠只要看見一堆五顏六彩的花傘錦簇，就知道那是台灣人。日本女人也撐洋傘的，但西洋女人撐洋傘的情景已近絕跡，所以出了國，日本女性就只戴帽子。

說來吊詭，近百年前，台灣女性開始撐洋傘，原是西洋傳入的風情，而且還是通過日本人引入，才開始撐洋傘的。

四千多年前，中國、埃及、希臘等地就有傘。現代的傘在西方另有一串發展的歷史。

十六世紀，傘才在西方開始普遍化，但屬於女人專用品。直到十八世紀，有個波斯〈伊朗〉人Jonas Hanway，他邊旅遊邊寫作，在英國跑來跑去三十年後，他總是帶傘撐傘的形象，才讓西方男人開始加入「撐傘一族」。

日本最早是從美國舊金山買回第一把西方人的「洋傘」。幕末各藩不斷派人到西方考察取經，一八六〇年，到美國的一個使節團裡，木

上：洋傘是上流仕女必備的行頭。
中：一九二〇年，日本皇室成員久邇宮在總督官邸留影，身旁的王妃撐著代表時尚的洋傘。
下：一九一六年日本皇室親王訪台，進入臺北新公園的運動會會場，洋傘成了馬車上最主要的焦點。

村攝津守此人在舊金山買了西洋傘帶回日本。

在此稍早幾年，信州藩的武士曾經畫了一張洋傘的圖呈給藩主，解釋洋人用的傘何奇妙之有。圖上說，這種洋傘布上塗油、不洩光、可防水、傘骨可以收、用一金屬環收束傘面。

除了一般用傘外，幕府末年，日本被迫開港給西方做生意，許多歐美人士抵達橫濱，一些西方婦女撐著傘遮陽的異國風味，給日本人很大的視覺享受，紛紛畫進色彩豔麗的浮世繪裡。等明治時代〈一八六八年起〉開始，西化號角吹響，日本上流的女性開始學穿束腰的蓬蓬裙時，也不忘學拿一把這種遮陽傘。這時的傘骨已經使用金屬。

這些洋傘到一八九五年，隨日本政權移植台灣，台灣的市面上開始有種種變化。日治初期，報紙常出現許多洋傘廣告，以賣茶為大宗的盛進商行，也賣皮包、洋酒、罐頭和洋傘。一八九九年，則看見賣傘的專門店「日進商會洋傘店」刊登廣告。日進商會在府前街一丁目〈今重慶南路一段〉，讓人連想起英國倫敦的New Oxford Street五十三號的「James Smith and Sons」，開張於一八三〇年，是全球第一家純粹的傘店，和日進商會刊登廣告的時間相差一甲子。

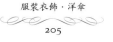

日進商會的洋傘廣告，可看見幾個有趣的商情。譬如說，買傘竟然還附保險，效期兩年。另外有所謂「小兒持洋傘」，也就是專門給小孩子拿的傘。

在工業闕如、市街商店開始多樣的日治初期，洋傘似乎是頗重要

下田農忙、到溪邊洗衣服的女人也帶著黑色雨傘遮陽。

的日用商品，報紙會出現「洋傘商況」的報導。從報導可知，一九一〇年以前，洋傘有二十四吋和二十二吋兩種尺寸。傘面質料更多種，只是單從字面上的「新毛」、「新綾」、「樹乳」、「西山琥珀」，一時難窺其實。

洋傘的價格倒是偏貴。夏天的麥稾帽一打賣兩圓多到七圓半不等，洋傘一打要價卻從七圓多到五十圓都有。以今天的眼光，一把傘比一頂草帽貴個三倍、七倍，著實不可思議。而比對當時的工資，一個挑扁擔的苦力或車夫，一天只賺四、五十錢，也就是半圓左右，一餐則要費十幾錢，買一把六十錢的便宜洋傘，雖非遙不可及，但買一把三圓、七圓就勉強了。

統一企業前董事長吳修齊〈一九一三年生〉回憶童年說，他只有草笠，「家窮無錢買雨傘」，如果遇下雨天，往往不敢冒雨回家，又沒錢買零食吃，就「只好在學校挨餓」。有一天，外祖母「買一枝雨傘送給我」，吳修齊感到「高興及自豪」，因為「當時同學皆無雨傘」。但興奮沒太久，就因為他二伯父借用，在舊頭港仔這個地方丟了。吳修齊談的幾個細節，可以想見，在日本統治時代，傘可一點兒都不像現在是垂手可得的便宜日用品。

洋傘丟掉或拾得洋傘，不算大事，但也非同小可；在一九一〇年代前後常登上報紙。像是「下崁庄王臭頭于新起街市場內拾得洋傘一把」，或「八甲庄大塚辰平稟報遺失洋傘一把於汽車〈按，指火車〉內」等等。遺失傘彷彿丟了重要物件，會想報警協尋；像一九一一年，漢文臺灣日日新報就載，「二十五日夜有一內地人〈按，指日本人〉。乘蓮花街車夫張春梅之車。自新起街到南門街下車去。車上遺有洋傘一把。立即稟報警官。」如果洋傘會講話，她們一定笑瞇了眼，眺望遠方的過去，緬懷嘆說，那真是洋傘身價非凡、美好的黃金時代。

報紙也在日治初期出現「蝙蝠傘」的字眼。這是一種男用洋傘，

一九一六年，覆審法院院長石井和帶著洋傘的太太到郊外散步。

左上：北一女學生到新店遠足，大夥人撐著傘。
左下：在最熱鬧的「台北銀座」榮町〈今衡陽路〉街頭，斑斕洋傘憑添時髦風情。

最早由幕末的武士開始使用，忽的一年時間便普及了。日本時代，男用的洋傘就一直叫「蝙蝠傘」，晴雨兩用。

女用洋傘另稱為パラソル，唸做「葩拉嗽露」，也就是英文的parasol。從台灣上流家族留下的舊照看，如前貴族院台籍議員許丙夫婦一九一二年合照、一九二一年前臺灣省議會議長黃朝琴及其母妹在東京的家庭照等，一九一〇和一九二〇年代初期，富裕家庭的婦女，不論已婚或未婚，照相時，常會握一把充滿貴婦淑女象徵的洋傘。這種洋傘的傘柄細長，把手露出的部分約佔傘柄全長的三分之一，晶亮的材質感則明顯是金屬。此時洋傘的裝飾與表徵作用，除了跟今天的Prada和LV皮包一樣，足以襯托財富和身分地位外，還述說仕女的優雅氣質。

到一九三〇年代，攜洋傘的裝扮幾乎不再出現在照片上，但婦女仍拿洋傘遮陽，且依舊是有錢或時髦人家的穿戴配飾。台南籍前輩作家葉石濤〈一九二五年生〉的母親生於二十世紀初的官宦人家，雖然嫁到家道中落的葉家，據葉石濤在《府城瑣憶》所形容，她任性、富反叛性，「愛打扮，喜歡追逐流行的癖氣從來不改變」。葉石濤留下母

親深刻印象的一幕是她「濃裝豔抹，著民初婦女裝，打著斑爛陽傘，牽著我的手」，到台南市區唯一的百貨公司「林百貨店」買小孩衣服的青春風采。

戰後，洋傘看起來普遍了。一九五〇年台灣省第五屆運動會的游泳池畔，中央日報觀察到，「女觀眾中有陽傘五十二把」，應是多到「妨害他人視線，略有小爭執，故有些帶了傘而不用。」一九六〇年代台灣製傘業發達，洋傘便宜卻不精緻，以後的幾十年，洋傘的實用性強，遮雨蔽陽，一傘兩用，而裝飾性則幾乎被遺忘了。這幾年女性更重流行與打扮，專門遮陽的漂亮布傘，才又在街頭露臉。

附錄

日治時期台灣物價水準概況

主要參考資料

圖片來源

日治時期台灣物價水準概況

貨幣單位：圓、角、錢　1圓為10角、1角為10錢

年代	事物	價格	來源與備註
1896	雞蛋	兩顆4錢	大阪每日新聞1214
1896	白米	一斗五升2圓40錢	大阪每日新聞1214
1896	人力車	28圓	臺灣新報1128
1896	房租	門面寬一丈六尺每月20圓	大阪每日新聞1214
1896	茶葉	半斤15錢	大阪每日新聞1214
1897	報紙	臺灣新報一份3錢；訂閱一個月60錢、三個月1圓70錢、半年3圓20錢、一年6圓70錢	臺灣新報0622
1898	日式旅館	上等一泊60錢、次等38錢	臺灣日日新報0913
1898	鳥打帽	1圓到1圓20、30錢	臺灣日日新報0928
1898	山高帽	4圓	
1898	汽船	2萬餘圓	臺灣日日新報0508
1898	苦力酬勞	多者一日6、70錢，少者3、40錢	臺灣協會會報第九號頁63
1898	米粥、芋粥	一碗5、6厘〈10厘為1錢〉（苦力通常一次吃三、四碗，一天吃5餐）	臺灣協會會報第九號頁63
1898	工資	製茶工一天40錢、製糖工一天35錢、農工一天25錢（台北地區）	臺灣協會會報第十一號頁26
1899	教師年薪	一級1600圓、二級1400圓、三級1200圓、四級1000圓、五級900圓、六級800圓、七級700圓、八級600圓（臺灣總督府師範學校校長、教授）	臺灣協會會報第七號
1900	看內科醫生	藥一日份1角半	臺灣日日新報0919
1900	登報紙廣告	特別欄一行35錢，普通欄一行22錢，漢文欄一行50錢	臺灣日日新報0914
1901	女性採茶	上等一天30錢，下等一天20錢	臺灣日日新報0208
1901	洋服裁縫	臺北上者35圓，下者25圓；基隆上者30圓，下者15圓	
1901	理髮師	上等15圓，下等7圓	
1901	香竄葡萄酒	4打18圓	臺灣日日新報0207
1901	惠比壽啤酒	4打10圓	
1901	豬肉	100斤25圓	
1901	罐頭一個	牛肉28錢；松茸28錢；福神漬15錢	
1901	高野豆腐	1000個4圓7角	
1901	鴨蛋	100顆1圓5角	
1901	進圖書館	一次3錢　三十次50錢	臺灣日日新報0127 臺灣文庫開庫廣告
1901	私人醫院入院費	一日1圓	臺灣日日新報0108
1901	日本製香煙	五十支10錢	臺灣日日新報0101
1902	溫泉入浴費	3錢	
1902	壽司	15錢	
1902	鰻魚飯	上等50錢	
1904	香水	「鶴」牌大瓶1圓30錢、中瓶1圓	臺灣日日新報0402
1904	德國製鞋油	20錢	臺灣日日新報0402

1904	中折帽	2圓、2圓20錢	臺灣日日新報0426
1905	男子漢式長衫	2圓50錢	臺灣日日新報1102
1905	男子漢式背心	5圓	
1905	男子漢式緞帽	60錢	
1905	男子漢式紡綢褲	5圓	
1905	女子漢式緞衫	16圓	
1905	女子和式緞裙	12圓	
1905	女子金耳環	一對4圓	
1905	女子銀手環	一對6圓	
1908	英國製高級皮鞋	6圓、7圓	臺灣日日新報0826
1908	美國製高級皮鞋	5圓、6圓	
1908	資生堂製「寒熱散」	2日份6包10錢	
1908	小說	65錢	臺灣日日新報0830 名家永井荷風新作 全書490頁
1914	動物園入場費	3錢	臺灣日日新報0410
1914	活動寫真（電影）	一等20錢、二等10錢、三等5錢	臺灣日日新報0418
1915	Frock coat	28到38圓	臺灣愛國婦女 七十四卷
1920	懷錶	35到75圓	臺灣日日新報0725
1920	鋼筆	12圓、10圓、8圓50錢、7圓50錢、5圓80錢 （世界新發明兩色鋼筆）	臺灣日日新報0806
1920	飛機（造價）	12000圓	高雄人物評述 第一輯頁149
1921	計程車	臺北市城內到北投、新店單程5圓，到圓山、古亭2圓， 往返加五成	臺灣日日新報0123
1921	看電影	「新世界館」票價特等1圓20錢、一等80錢、二等60錢、 三等20錢	臺灣日日新報0123
1921	學生書包	90錢、1圓35錢、1圓75錢、2圓50錢、3圓40錢	臺灣日日新報0310
1922	麥桿帽子	特價2圓80錢	臺灣日日新報0404
1922	壽司	30錢	臺灣日日新報0401
1922	鰻魚飯	70錢	
1924	法庭旁聽	1角	臺灣民族運動史
1924	桃園大圳工務 部僱員月薪	42圓	廖欽福回憶錄頁33
1924	稻穀一百斤	5圓	廖欽福回憶錄頁35
1924	學校住宿費	13圓半	嘉農口述歷史頁78
1925	森永牛奶糖	5錢、10錢	臺灣日日新報1002
1925	日英辭典	2圓80錢	臺灣日日新報1008
1925	豬排	40錢	臺灣日日新報1014
1925	看新劇	一等80錢、二等50錢、三等30錢、小孩15錢（台北榮座）	臺灣日日新報1014
1925	PILOT鋼筆	自動吸入式4圓起	臺灣日日新報1031
1925	奶粉	大罐6圓20錢、中罐2圓20錢、小罐1圓20錢	臺灣日日新報1126
1926	椪柑一百斤	上等12圓、下等8圓	臺灣日日新報0115

1926	白蘿蔔一百斤	2圓50錢	臺灣日日新報0115
1926	竹筍一百斤	上等24圓、下等7圓	
1926	紅甘薯一百斤	上等4圓	
1926	臺北東門 游泳池入場費	十二歲以上一次10錢、30次2圓50錢、50次4圓、 六歲以上均半價	臺灣日日新報0702
1926	蓋房子	三層樓房15000圓	臺灣日日新報0701
1927	大東信託專務 月薪、交際費	150、80圓	灌園先生日記〈一〉 頁88（專務即總經理）
1927	大東信託僱員	月薪24圓	
1927	基隆經神戶到 東京船費	學生價17圓3角	中縣口述歷史《四》 頁28
1927	留學	東京帝國美術學校學費一學期30幾圓、外租房子30圓	中縣口述歷史《四》 頁29
1928	建築費	10000圓	宮前町九十番地頁67
1929	雪佛蘭汽車	2495圓、敞篷型1915圓	臺灣日日新報0108
1929	兒童學生鞋	2圓20錢	臺灣日日新報0121
1920 年代	鴉片一錢	4角4錢	中縣口述歷史《四》 頁144
	竹山郡警察	月薪18圓	
1930	職業婦女薪資	電話交換生初任每日50到70錢；護士初任第一年每日50錢， 第二年每日70錢；採茶女平均每日4角上下；臺北巴士女車掌 初任每日1圓、基隆者月薪16圓；小學女教師初任40圓上下	臺灣民報0101、0118、 0208
1930	棒球裝備	球棒3圓，手套一個4、5圓，釘鞋一雙2、3圓	嘉農口述歷史頁114
1931	草屯信用合作社 職員月薪	21.6到54圓	臺灣新民報0718
1931	女車掌月薪	台籍15圓，日籍21圓、28圓	臺灣新民報0711
1931	豬肉	一斤3角（新竹東門市場）	臺灣新民報0718
1931	旅館	一泊二食1圓5角（萬華火車站前的萬華旅館）	臺灣新民報0418
1931	公共汽車	臺中到烏日18錢、到王田25錢、到彰化30錢；豐原到石岡15錢	臺灣案內〈李資深著〉 頁244-245
1931	牙膏	15、25、32、50錢四種	臺灣齒科月報 八月號
1931	牙刷	22、26、28錢三種	
1932	森永牛奶巧克力	5錢、10錢	臺灣日日新報1129
1932	鋼琴	150圓（三木牌）	臺灣日日新報1118
1932	資生堂肥皂	一個10錢	臺灣日日新報1115
1932	化妝品	化妝水40錢、口紅35錢、眉墨35錢、白粉50錢	臺灣日日新報12月
1932	唱機	38、45、75、150圓（Augon牌）	臺灣日日新報1215
1932	刮鬍刀片	一片70錢	臺灣日日新報1119
1932	日記本	20錢	臺灣日日新報1130
1933	龍角散	四日份30錢、四十日份2圓	臺灣日日新報0401
1933	唱片	一張80錢（哥倫比亞牌）	臺灣日日新報0622
1933	高爾夫球一打	9圓	臺灣日日新報0905
1933	泳衣	練習用80錢、中學生用1圓、高等學校和大學用1圓40錢、 最高級用1圓90錢（美津濃牌）	臺灣日日新報0622

1933	水牛	一頭75圓（屏東坊山）	臺灣日日新報0621
1933	語言學習	滿洲話三個月講習會，每月3圓	臺灣日日新報0610
1933	看表演	臺北榮座一、二等統一價50錢	臺灣日日新報0610
1934	花王肥皂	3個30錢	臺灣日日新報0704
1934	資生堂肥皂	半打90錢	臺灣日日新報0705
1934	看電影	30錢（萬華芳明館）	臺灣日日新報0701
1934	地圖	台北市街圖50錢	臺灣日日新報0701
1934	漫畫書	35錢（長篇繪本）	臺灣日日新報0712
1934	汽車	3550到3775圓（福特V-8型）	臺灣日日新報0701
1934	聽演講	50錢	臺灣日日新報0707
1934	登山袋	小學生用1圓起、中學生用2圓50錢起、高級品6圓50錢起	臺灣日日新報0711
1934	露營帳篷	2人用7圓50錢起	
1934	嬰兒推車	10圓	臺灣日日新報0328 向大阪阪急百貨郵購
1934	嬰兒學步車	3圓	
1934	紳士皮鞋	6到12圓	
1934	領帶	毛料1圓、絹料1圓50錢	
1934	鋼筆	一號金筆1圓50錢	
1934	雨傘	小學生用22吋90錢、1圓；女學生用23吋1圓、1圓20錢； 中學生用25吋1圓90錢、2圓40錢	
1934	旅行包	70錢（內有牙膏、牙刷、毛巾、香皂）	
1934	公共汽車	高雄市內統一價10錢；臺北市內均一價8錢； 台東到大武2圓50錢	臺灣鐵道旅行案內
1934	鴉片	軟管裝5公克60錢、15公克1圓70錢	
1934	計程車	臺北市內均一價50錢	
1934	船票	基隆到神戶一等65圓、二等45圓、和室二等32圓、 乙二等28圓、三等20圓；高雄到馬尼拉一等69圓、三等23圓	
1934	泡湯	草山〈陽明山〉溫泉「眾樂園」入場費大人20錢、小孩10錢 北投溫泉入場費同前，單純入浴大人5錢、小孩3錢	
1934	土產	原住民刀4圓50錢到45圓；原住民衣服3圓到40圓	
1934	雞蛋捲	一盒1圓20錢（台北名店寶香齋產品）	臺灣婦人界昭和九年 十二月號頁152
1934	豬肉乾、豬肉脯	一盒1到5圓（台北名店寶香齋產品）	
1935	奶瓶	20錢	臺灣大觀
1935	泡湯	關仔嶺溫泉入浴料特等一日30錢、一回10錢； 上等一日15錢、一回5錢；次等一日5錢、一回2錢	躍進臺灣記念博
1935	公共汽車	新竹市內均一價5錢	
1935	洋式大旅館	「鐵道旅館」歐式客房一人一日3圓起、 美式客房附餐一人一日10圓起	
1935	唱機	35、45、55、60、80圓（哥倫比亞牌）	臺灣日日新報0717
1935	臺灣博覽會	普通入場券20錢，軍人學生兒童10錢	臺灣博覽會會誌
1936	聘金	新娘女學校畢業者2、3千圓，公學校畢業者7、8百圓	臺灣婦人界昭和 十一年八、九月號
1936	飛機票	〈東部線〉臺北到宜蘭7圓、臺北到花蓮18圓、宜蘭到花蓮12圓 〈西部線〉臺北到臺中10圓、臺北到高雄22圓、臺中到高雄13圓	臺灣航空發達史 頁433

1936	電話費	申辦登記費15圓、移機工程費30圓、每月基本費9圓、 臺北打到淡水15錢、到宜蘭新竹35錢、到臺中彰化60錢、 到臺南90錢、到屏東1圓	電話帖— 臺北州下各局
1936	山葉鋼琴	平型1600圓、直立式1000圓	臺灣教育
1936	山葉風琴	200圓	臺灣教育
1936	絲襪	50錢到1圓50錢	臺灣婦人界昭和十一年十一月號頁95
1936	雨傘	1圓、2圓	臺灣婦人界昭和十一年十一月號頁96
1936	洋傘	3圓、10圓	
1936	新娘禮服	頭紗和飾花15到70圓；絹質長禮服40到150圓；鞋15圓到20圓； 白絹手套5、6圓	臺灣婦人界昭和十一年十一月號頁94
1936	新娘化粧	15圓	臺灣婦人界昭和十一年十一月號頁97
1936	新郎禮服	日本製Morning coat100圓〈上衣65圓、長褲35圓〉； 舶來Morning coat150圓〈上衣90圓、長褲60圓〉	臺灣婦人界昭和十一年十一月號頁94
1936	啤酒	一瓶50錢	臺灣婦人界昭和十一年十一月號頁102
1936	汽水	一瓶25錢	臺灣婦人界昭和十年十一月號頁102
1936	婚宴酒席	一桌20到50圓（臺北蓬萊閣）	臺灣婦人界昭和十一年十一月號頁103
1936	照相機	17圓、28圓	臺灣婦人界昭和十一年十一月號頁142
1936	手帕	50錢到6圓	臺灣婦人界昭和十一年十一月號頁141
1936	咖啡杯	六個2到5圓	
1936	杯子	六個50錢到1圓	
1936~1939	十六吋唱片一張	3圓半	藍敏先生訪問紀錄頁34
1937	牧師月給	50圓	黃武東回憶錄頁19
1937	地圖	三十萬分之一全島圖2圓、臺北市全圖1圓	臺北近郊
1937	租車	臺北市到陽明山二十人座單程7圓、往返13圓； 到北投分別為4圓、7圓	
1937	公共汽車	臺北到五股25錢、臺北到新莊39錢、淡水到金山99錢、 新店到木柵15錢、新店到石碇47錢、 新店到古亭20錢、板橋到三峽28錢、板橋到土城9錢	
1937	火車	萬華到古亭5錢、到公館8錢、到景美13錢、到大坪林16錢、 到新店20錢	
1937	飛機票	臺北到臺中10圓、臺中到臺南10圓、臺北到臺南20圓	臺灣航空發達史頁441
1937	演唱舞蹈會	80錢（部分商店票售70錢）	臺南新報0106
1937	鋼琴、風琴	風琴28起，小型鋼琴150圓，立型鋼琴350圓起， 平台型鋼琴950圓起（三木牌）	臺南新報0107
1938	寄平信	20公克以下4錢	臺灣婦人界 昭和十三年六月號

1938	寄明信片	2錢	臺灣婦人界 昭和十三年六月號
1938	拍電報	15字以內30錢	
1938	寄航空信	到日本、朝鮮、大連30錢；到滿洲國35錢	
1938	雞蛋	1角5、6顆（臺南）	蔡廷棟先生口述
1939	滷蛋	一顆5錢（臺北）	我生之旅頁35
1939	咖啡	70錢	臺灣婦人界 昭和十四年 明治製菓廣告
1939	三明治	70錢	
1939	雜誌	月刊「臺灣婦人界」40錢	臺灣婦人界 昭和十四年
1939	火車臥鋪	一等7圓；二等上舖3圓、下舖4圓50錢；三等上舖80錢、中下舖1圓50錢	
1939	房屋租金	臺北三層樓房月租50圓	陳逸松回憶錄頁220
1930年代	湯油麵	3錢，加肉5錢	周耀銓先生口述；臺北小型餐館有「五碗3圓」的賣法，白斬雞、炸豬肉、松茸肚片湯等料理，一律五樣3圓。
	看電影	8錢（大稻埕「第三世界」戲院的無聲「活動寫真」）	
	叫菜外送	五碗3圓	
1940	動物園入園費	大人10錢、小孩5錢	台北市政二十年史
1941	稻穀	100斤5圓	陳逸松回憶錄頁267
1941	田地	上等好田一甲2700圓	
1942	看電影	松竹電影公司直營「臺灣劇場」樓下80錢〈內含稅10錢〉、樓上1圓20錢〈內含稅24錢〉	臺灣日日新報0313 看日本電影
1942	面速力達母	25、45、90錢	臺灣日日新報0314
1942	雜誌	「青少年之友」40錢、「日本少女」50錢、「幼稚園」50錢	臺灣日日新報0314 「小學館」發行
1942	公務員月薪	氣象臺技術官，台灣人40圓、日本人50圓	臺灣日日新報0310
1942	眼藥水	25錢、45錢	臺灣日日新報0313
1942	高單位女性賀爾蒙	3圓、5圓	
1943	國小代課老師	月薪42圓	葉石濤先生 訪問紀錄頁55
1943	短篇小說	稿費20圓	
1940	喫茶店土司麵包	15錢（附美乃滋、果醬）	陳玉璞先生口述
1945	杏仁茶加油條	3錢（早餐外食，杏仁茶2錢、油條1錢）	蔡廷棟先生口述

說明：〈一〉來源與備註欄內的數字，如「臺灣日日新報0309」，指該報當年「三月九日」，以此類推。

〈二〉經採訪多位八十幾歲的先生發現，表上除交通、書報與薪資外，從「臺灣日日新報」和「臺灣婦人界」所採集的民生用品價格，應為日本人的物價水準，普遍略高於臺灣人印象中的價格。

〈三〉資料來源中之蔡廷棟生於1919年，周耀銓生於1926年，陳玉璞生於1927年。

主要參考資料

基本參考資料

石井研堂《明治事物起原》大正十五年
朝倉治彥等《事物起源辭典衣食住編》昭和六十一年十四版
富田 仁《舶來事物起原事典》一九八七年
漢文臺灣日日新報
輔仁大學織品服裝學系「圖解服飾辭典」一九八五年
大園市藏 「臺灣人物誌」 大正五年
臺灣日日新報
臺灣自動車界
臺灣新報
臺灣婦人界
葉立誠「中西服裝史」二〇〇〇年

各篇資料來源

結婚

●新娘婚紗──Philip Delamore 「THE WEDDING DRESS」2005；盧兆麟「島國顯影」第一到四輯 一九九三年；莊永明「韓石泉醫師的生命故事」二〇〇五年；朱江淮「朱麗傳」二〇〇四年；林保寶「莿桐最後的望族」一九九八年；義容集團編輯小組「何義傳略」二〇〇三年；陳瓊花「自然 寫生 林玉山」一九九四年；楊基銓「楊基銓回憶錄」一九九六年；林衡道 「林衡道先生訪談錄」一九九六年；辜顏碧霞 「流」一九九九年；松柏文教基金會「憶天使阿嬤」二〇〇〇年；翁倩玉、章君穀「翁俊明傳」一九九〇年；臺灣日日新報昭和六年年九月八日六版
●新郎禮服──「臺灣婦人界」昭和十一年十一月號；臺灣省文獻會「臺灣婚喪習俗口述歷史輯錄」一九九三年；楊肇嘉「楊肇嘉回憶錄」一九七七年四版；賴志彰「台灣霧峰林家留真集」一九八九年
●結婚喜宴──杜聰明「回憶錄」二〇〇一年；杜淑純口述「杜聰明與我」二〇〇五年；楊肇嘉「楊肇嘉回憶錄」一九七七年四版；臺北市役所「臺北市案內」昭和三年；「臺灣婦人界」昭和十一年十一月號；臺灣日日新報大正十五年一月十五日四版；漢文臺灣日日新報明治四十四年五月二十七日三版
●西式婚禮──葉榮鐘「葉榮鐘早年文集」二〇〇二年；楊肇嘉「楊肇嘉回憶錄」一九七七年四版；漢文臺灣日日新報明治四十四年五月二十七日三版；臺灣日日新報大正十年一月二十八日六版、大正十年三月二十九日六版、大正十五年一月一日四版、一月十三日四版、一月十五日四版；漢文臺灣日日新報明治三十八年七月二日四版；高松

壽「過庭錄」一九七一年；G.L.MacKay「臺灣六記」一九六〇年；林獻堂「灌園日記〈三〉」二〇〇〇年；臺灣省文獻會「臺灣婚喪習俗口述歷史輯錄」一九九三年；楊金虎「七十回憶」一九九〇年
飲食
●麵包——臺灣日日新報明治三十一年五月十七日二版、明治四十一年十一月七日六版、昭和七年十一月二十九日七版；漢文臺灣日日新報明治三十八年十二月九日四版、明治四十年三月三十日三版、明治四十一年十月十六日四版、明治四十四年九月十二日三版；中央日報民國三十九年十月三日三版、五十年七月十二日八版；黃武東「黃武東回憶錄」一九八八年；黃德寬譯「天主教在臺開教記」一九九一年；朝倉治彥等編「事物起源辭典〈衣食住編〉」昭和六十一年十四版；鄭石彥編譯「麵包料理與健康」一九八八年；內藤素生「南國之人士」大正十一年
●冰——義容集團編輯小組「何義傳略」二〇〇三年；陶德「北台封鎖記」二〇〇二年；戴寶村「高雄市常民生活史」二〇〇四年；戴寶村、王峙萍「從台灣諺語看台灣歷史」二〇〇四年；臺灣日日新報明治三十一年八月六日三版、三十三年七月十二日三版；漢文臺灣日日新報明治三十八年八月十九日五版、三十九年六月十三日五版、三十九年七月十五日六版、三十九年八月九日一版、四十二年六月十二日七版、四十二年六月十九日五版、四十四年五月二十一日三版
休閒
●寵物——臺灣新報明治三十年九月一日六版；陶德「北台封鎖記」二〇〇二年；緒方武歲「始政五十年台灣草創史」昭和十九年；「台灣愛國婦人」大正四年；臺灣日日新報大正三年七月二十三日七版廣告；葉榮鐘「臺灣人物群像」一九八五年；杜淑純口述「杜聰明與我」二〇〇五年；「靜修學報」第十號 昭和十一年；臺灣日日新報昭和八年十月三十日四版；漢文臺灣日日新報明治四十年七月六日五版；吳政憲「飄泊悲歌」台灣人文第五號二〇〇〇年
●海水浴場——台北第二師範學校附屬公學校「創立十周年記念文集」昭和十二年；臺灣日日新報大正九年七月九日一版、昭和二年六月十五日五版、昭和三年七月六日漢文朝刊一版；漢文臺灣日日新報明治四十年八月二十日五版、四十二年八月三日七版、八月十七日五版、八月二十六日五版、明治四十三年五月十八日五版、明治四十四年六月十四日二版；「臺灣婦人界」昭和九年七月號；杜聰明「回憶錄」二〇〇一年；井出季和太「臺灣治績志」昭和十一年；「新竹州要覽」昭和十二年；辜振豐「點水成金・海水浴場」張老師月刊128期 一九九九年
●動物園——http://www.zoo.gov.tw/manage/history.shtml；漢文臺灣日日新報明治四十一年二月二日九版、四十三年十一月九日三版、四十三年十一月十六日三版、四十三年十一月十八日三版、四十三年十二月一日三版、四十三年十二月二日三版、四十四年一月七日三版；臺灣日日新報明治四十四年二月一日五版、大正三年四月二日七版、大正三年四月十三日五版；東京都恩賜上野動物園編集「上野動物園百年史」昭和五十七年；小川志郎「動物園學ことはじめ」昭和五十年；李春生「東遊六十四日隨筆」一八九六年
運動
●籃球——「靜修學報」第十號 昭和十一年；臺北第一師範學校同窗會「芝山」昭和十五到十七年；臺灣總督府臺南師範學校校友會「校友會誌」第八號、第十號 昭和十三年；「臺灣運動史」昭和八年；「臺北第一高等女學校創

立二十五周年記念」昭和四年；陳榮章「我國籃球運動發展之研究」台南家專學報第十六期 一九九七年；吳本元「中國近現代籃球的興起與發展歷程」東南學報二十五期 二〇〇三年；「臺北體育文獻座談會」臺北文獻一三七期 二〇〇一年；武內博「來日西洋人名事典」一九八三年

●撞球——臺灣日日新報昭和三年七月四日二版；臺灣新報明治二十九年十月一日三版；臺灣日日新報明治三十一年九月二十七日五版、明治三十四年一月十一日四版；「臺北市六十餘町案內」昭和三年；「新竹商工人名錄」昭和十六年；「高雄市商工案內」昭和十二年；「臺灣實業名鑑」昭和九年；「彰化商工人名錄」昭和十四年；「基隆市商工業案內」昭和十五年；「基隆市商工人名錄」昭和十三年；「基隆市商工人名錄」昭和十一年；漢文臺灣日日新報明治四十一年四月十一日四版；葉榮鐘「臺灣人物群像」一九八五年；殷延泉「休閒運動期刊」創刊號 二〇〇二年；郭聰智「台灣地區撞球運動發展之探討」大專體育六十一期 二〇〇二年；中央日報中華民國四十九年五月二十一日七版、十月二十九日三版

交通

●腳踏車——臺灣日日新報明治三十三年三月三十一日二版、明治三十三年六月八日二版、明治三十三年十月五日五版、明治三十三年十月十日六版、明治三十七年一月十二日六版、明治三十七年一月十五日六版、明治三十七年一月十七日八版、明治三十七年四月二十四日七版、明治四十三年四月二十六日五版、大正三年四月二十八日六版；漢文臺灣日日新報明治三十八年九月二十七日五版、三十九年四月二十四日五版；賴和「獄中日記」政經報第一卷第二號 一九四五年；葉榮鐘「臺灣人物群像」一九八五年；朝倉治彥「世界人物逸話大事典」平成八年；張文義整理記錄「回首來時路——陳五福醫師回憶錄」一九九六年；王泰升「臺灣日治時期的法律改革」一九九九年

●計程車——張秀哲「『勿忘台灣』落花夢」一九四七年；林衡道「林衡道先生訪談錄」一九九六年；臺灣日日新報大正四年一月六日四版；「臺灣自動車界」昭和八年到十二年各號；「自動車に関する調查」昭和七年

家電

●電風扇——臺灣日日新報明治四十一年八月二十八日四版；漢文臺灣日日新報明治三十九年五月四日四版、五月三十一日二版、明治四十一年七月十四日二版、明治四十二年五月六日二版、明治四十三年七月五日一版、明治四十四年五月十二日二版、八月十二日三版；山田正吾 「家電今昔物語」一九八三年；林炳炎 「台灣電力株式會社發展史」一九九七年；林衡道 「林衡道先生訪談錄」一九九六年；泉源出版社「萬事由來」一九九四年；連雅堂「雅堂文集」一九六四年

●冰箱——林忠勝「廖欽福回憶錄」二〇〇五年；臺灣日日新報明治四十三年四月二十三日六版、明治四十四年七月八日八版、昭和十一年八月十四日五版；漢文臺灣日日新報明治四十三年二月四日五版、四月五日五版；「臺灣自動車界」昭和十二年六月號；「臺灣婦人界」昭和九年十一月號；眾志「萬事源大辭典」一九九二年；岩井宏實「昭和を生きた道具たち」二〇〇五年; http://inventors.about.com/library/inventors/blrefrigerator.htm

旅行見聞

●海外旅遊——臺灣教育研究會誌十七號、十八號 明治三十六年；許雪姬 「林獻堂著《環球遊記》研究」 臺灣文

獻四十九卷二期 一九九八年；李春生 「東遊六十四日隨筆」 一八九六年；林獻堂 「灌園先生日記〈一〉」二〇〇〇年；臺灣日日新報明治三十三年五月一日〈三〉版、八日〈三〉版、二十日〈五〉版；臺灣日日新報大正十四年二月五日〈二〉版；藤森智子 「日治初期『芝山巖學堂』〈一八九五～一八九六〉的教育」 臺灣文獻第五十二卷一期 二〇〇一年

●世界博覽會——陳少白 「興中會革命史要」 一九五六年；臺灣日日新報明治三十二年八月一日三版、八月二日二版、十一月二十一日三版、明治三十三年一月九日三版、一月二十日三版、三月十日三版、四月十三日四版、四月十八日一版、四月十九日一版、五月五日二版、六月十二日三版、六月二十四日一版、七月十日三版、七月十三日三版、八月十四日三版、八月二十二日三版、八月二十六日五版、九月五日四版、十月十日三版、十月二十六日二版、十一月三日十一版、十二月十八日二版、明治三十四年一月十日三版、一月十一日四版、一月二十七日五版、一月三十日二版、二月一日四版、昭和四年十月二十四日四版；程佳惠「1935年台灣博覽會之研究」二〇〇一年；范增平「台灣茶業發展史」一九九二年；黃師樵「志士吳文秀事蹟」台北文物四卷一期 一九五五年；http://www.aerc.nhcue.edu.tw/4-0/teach921/student/9054009/a/storyhouse/new_page_1.htm；http://sun.yatsen.gov.tw/sun/sun_tw/sun_tw_a020/sun_tw_a020_b010.htm

公共事物

●消防隊——「船越倉吉翁小傳」昭和六年；「澤井市造」昭和四年；「杉本音吉小傳」昭和九年；「臺北市政二十年史」昭和十五年；大園市藏 「臺灣人物誌」 大正五年；臺灣日日新報明治三十三年五月十七日三版；漢文臺灣日日新報明治三十八年十二月十九日五版、四十二年八月十八日五版；「基隆消防概況」一九三七年；「臺灣消防」第六十五號 昭和十二年四月

服裝衣飾

●洗衣店——臺灣日日新報明治三十二年四月十二日、三十三年五月十三日八版、昭和九年七月二十八日夕刊四版；漢文臺灣日日新報明治三十九年七月十一日四版；緒方武歲「始政五十年台灣草創史」昭和十九年；「臺灣商工名錄」昭和二年；「臺北市商工人名錄」昭和十五年

●洋傘——吳修齊「吳修齊自傳」一九九三年；吳新榮「震瀛回憶錄」一九八九年；葉石濤「府城瑣憶」一九九六年；漢文臺灣日日新報明治四十年四月九日四版、四十二年十二月十日五版；臺灣日日新報明治三十一年五月六日九版；許伯埏「許丙・許伯埏回想錄」一九九六年；謝國興「陳逢源：亦儒亦商亦風流」二〇〇二年；中央日報中華民國三十九年十月二十九日二版；Catherine Houck「The Fashion Encyclopedia」1982；http://inventors.about.com/library/inventors/blumbrella.htm

註：明治元年為一八六八年，大正元年為一九一二年；昭和元年為一九二六年；平成元年為一九八九年

圖片來源

註：阿拉伯數字為圖片所在頁碼。明治元年為一八六八年；大正元年為一九一二年；昭和元年為一九二六年。
相關圖片除提供者或拍攝者外，均翻拍自中央圖書館台灣分館與國家圖書館藏書。

國家圖書館出版品預行編目資料

囍事台灣／陳柔縉 作——初版——
台北市:東觀國際文化，2007【民96】
面:公分——
ISBN 978-986-7636-71-3 (平裝)
1. 文化史—台灣史—日治時期（1895-1945）
673.228 95024323

知識01

囍事台灣

作者 陳柔縉
責任編輯 蕭秀琴
美術設計 鄭宇斌
發行人 楊一峰
法律顧問 信業法律事務所 曾志青律師
出版發行 東觀國際文化股份有限公司
台北市大安區仁愛路3段28號6F～1
電話：(02) 2700-2375 傳真：(02)2700-6180
Email：east.view@evculture.com
印刷 宸遠彩藝有限公司
Email：wei.grace@msa.hinet.net
總經銷 大和圖書
住址：台北縣新莊市五工五路2號
電話：(02) 8990-2588
(02) 2290-1658
初版 2007年（民96年）01月
定價 360元
ISBN 986-7636-71-6
978-986-7636-71-3